R I O A S U M I

宝塚歌劇 明日海りお論

89期と歩んできた時代

松島奈巳著

東京堂出版

はじめに

1枚の写真がある。

兵庫県の宝塚大劇場の正面入り口前に、色とりどりの着物をまとったうら若き令嬢が49人。タスキには、「社会を明るくする運動」と書かれている。撮影は、2002年5月。「すみれ売り」の記念写真だ。

1年間の予科時代を終えた音楽学校本科生が、ファンの前に化粧を施した和装でお披露目する晴れ舞台となる。ひっつめ髪に制服姿だった音楽学校生が美しく着飾ってお目見えするだけに、宝塚市内のホテルは早々に予約でいっぱいになる。

この日を待ちかねた来場者は、ピピっときた音楽学校生の募金箱に寄付金をいれて、「お名前は?」。のちほど音楽学校寮宛に手紙を出して、そのまま十余年の交流が続くってことも珍しくなかった。

ある募金箱には、長蛇の列。こちらの募金箱は閑散として。

音楽学校生にとって、観客に評価を下されるシビアな初体験ともなる。

２００２年5月に集ったのは、89期。

横5列に並んだうち、後方から2列目、向かって右側から2番目と3番目に並んでいるのは。

漆黒に近い濃紺に蝶の模様があしらわれた着物姿は、雪組の望海風斗《のぞみふうと》。

その隣で水色の着物を身にまとっているのが、花組の明日海《あすみ》りお。

17年も前のことだ。

望海は押し出しが良く、いかにも大型男役という雰囲気を漂わせていた。

一方の明日海は、眉目秀麗《びもくしゅうれい》の極みとでも表現したら良いだろうか。実年齢でいえば高校2年生相当であり、美しさと幼さが絶妙のバランスで同居していた。

2人の前列には、夢咲《ゆめさき》ねねの姿が見える。落ちついた紫系の着物で、当時は男役と娘役に揺れていた期間だったのだろうか、首にかかるほど髪の毛は伸びている。

明日海の列の下手には、凪七瑠海《なぎなるうみ》、蓮城《れんじょう》まこと、

他にも、美弥《みや》るりか、七海《ななみ》ひろきが笑顔をたたえている。

初舞台から3年ほどたったころ、驚いたことがある。同好の士と、わいわい食事をしている時のこと。若手の話題になり、

「まだ青田買いだけど、月組の明日海りお。気になる存在なんだよね」

筆者がこう話したところ、同席のひとりが首をおおきく横に振りながら、

「青田買い？　いやいやいや。とんでもない。もう人気沸騰。刈りいれ時だよ」

最新情報をアップデイトしていない筆者にとっては、意外だった。

スター候補生であることは間違いないが、それほどファンがついている時期ではないし、舞台での成果もまだないと思っていたからだ。

ただし初期ファンの見立ては、正しかった。

着実に抜擢されて、期待に応える成果を残し続けてきた。

本書執筆は、「明日海りおの魅力って、なんだ？」という論考からスタートしている。

花組トップの前任者・蘭寿《らんじゅ》とむだったら、すべての学年で首席をつづけた安定感ある演技スタイル、加えて「濃さ」と即答できる。

その前任である真飛聖《まとぶせい》なら、すっきりとした容貌とシャープなダンス力。

3代前の春野寿美礼《はるのすみれ》は、抜群の歌唱力とロックスターのような都会的なビジュアル。

トップをきわめるスターには、パッと浮かぶ魅力がある。

だが明日海りおは、一筋縄ではいかない。

美しい。

品がある。

演技、ダンス、歌と三拍子そろっている。

いずれも「たしかに」なのだが、それだけであれだけの人気を博せただろうか。

むしろ。

あれよあれよという間に、スター街道を驀進《ばくしん》してきたという印象が強い。

演出家やプロデューサーはキラリ輝く才能を見出したであろうし、ファンも他のタカラジェンヌにはない魅力に惚れこんだのだろう。

ではその「才能」「魅力」とは、何なのか?

他のトップスターについては比較的容易に言語化できそうなのだが、明日海りおの場合は多岐にわたっている。そこを考察してみたい。

もうひとつ。

2000年以降、宝塚歌劇は変容してきている。

どこがどう変わってきたのか。明日海りおならびに89期を例にとると、わかりやすく説明できそうな気がしている。その意味で本論は、明日海りおというタカラジェンヌ論であり、2000年以降の私的「宝塚歌劇」通史でもある。

第1章では、89期の「すみれ売り」から時計の針を2年ほど戻してみる。

もくじ

※フルネームについては、敬称を略させていただきました。
※芸名を変えているタカラジェンヌについて、原則として当時の名称を使用しました。
※演目について、サブタイトルを略す場合があります。

第1章

『BLUE・MOON・BLUE』の謎

ミレニアムには人気沸騰

西暦2000年。平成では、12年。

20世紀最後の年、「ミレニアム」ということばが流行し、宝塚歌劇でもショー『ミレニアム・チャレンジャー!』が宙組大劇場公演を飾った。

当時の宝塚歌劇を取り巻く環境は、どうだったか?

人気が沸騰していた。狭く、深く。

1998年に宙組が新設され、計5組による通年公演が可能となった。同じ年、東京宝塚劇場では老朽化による建て替えが始まった。その間は、有楽町駅そばに仮設されたTAKARAZUKA1000days劇場で公演を行っており、2000年12月まで続いた。

当時の男役トップスターは、次の通り。

- 花組　愛華《あいか》みれ　（鹿児島県出身　71期）
- 月組　真琴《まこと》つばさ　（東京都出身　71期）
- 雪組　轟《とどろき》悠《ゆう》　（熊本県出身　71期）
- 星組　稔《みのる》幸《こう》　（神奈川県出身　71期）

● 宙組　姿月《しづき》あさと（大阪市出身　73期）
4人までが同期。「四天王」と呼びならわされ、それぞれ個性が際立っていた。

愛華は、きらきらと輝く健康的な美貌で人気を博した。

真琴は、歌劇団きってのエンターテイナー。

轟は、歌唱力に定評がある実力派。

稔は、都会的でキリっとした正統派。

ビジュアル、トーク、歌、立ち姿と、はっきりとした個性があった。

そんな当時のトップスターにあって、チケットの取りにくさでも、退団時のフィーバーにおいても、注目度においても群を抜いていたのが姿月あさとだった。

2000年12月、夕方の民放の情報系番組では、姿月あさとの退団の模様を1000days劇場からの中継をまじえて延々と報じた。千秋楽のチケットについた値段、30万円とも。

2000年以前には、宝塚歌劇愛好の士は限られていた。首都圏・関西圏出身で、家族親族に宝塚ファンがいる代々続く系譜だ。

限られた者たちだけが、宝塚愛好の門をくぐる。

しかし2000年以降、そんな状況が徐々に変わっていった。
その一例がビデオだ。公演ビデオの商品化には、1995年の阪神・淡路大震災が関係している。

昼間は復興に時間を必要とされている。そんな疲労を少しでも和らげることは出来ないものだろうか。仕事が終わった夜にでも一人で舞台のビデオを見ることで、明日の活力が生まれないだろうか。

こう回想するのは、演出家の植田紳爾《うえだしんじ》(元・宝塚歌劇団理事長)。当時は、宝塚歌劇関連事業をつかさどる宝塚クリエイティブアーツの社長をつとめていた。

舞台のビデオ化は、過去に『ベルサイユのばら』を記念ビデオにしたほかは発売を見合わせていた。「そんなことをしたら、直接見にくる観客が減少する」という反対の意見で、いつも挫折してきた歴史がある。しかし、この地震での危機感や使命感などが、こんな時こそナマの舞台を見に来ることのできない方々のためにと、決断を促してくれた。(中略)もしあの地震が起こらなければ、その決断にはもう少し時間が必要になっていただろう。

(『宝塚　百年の夢』文春新書)

この英断がなければ。
男役スター明日海りおは、誕生していなかったかも知れない。
周知のエピソードであろうが、順を追って説明しよう。

中学3年の「ひと夏の経験」

ＪＲ静岡駅から徒歩17分。
徳川家康が晩年を過ごした駿府城《すんぷじょう》の北東に、私立静岡雙葉中学・高校がある。
公式ホームページによれば、２０１８年度の大学合格状況は、次の通り。

●卒業生　１３１名
●国公立大　26名（京都、東北、名古屋、お茶の水女子、東京外国語ほか）
●早稲田13名　慶應義塾８名
●ＭＡＲＣＨ（明治・青山学院・立教・中央・法政）42名
●私立大学医学部　10名

130人余りという定員を考えると、県立校と比べても遜色ない。県下有数の進学校である。筆者の記憶では、小学校のクラス40名の中で男子も含めて上位3～5位まででないと合格できない、という印象がある。

2000年4月。明日海りおは、静岡雙葉中学3年に進級した。

月刊誌『宝塚GRAPH』において、根強い人気をほこっている連載がある。「波瀾爆笑!? 我が人生」(イラスト・潤色/ますっく)。毎回ひとりのスター候補生をピックアップして、生誕から宝塚音楽学校合格までをユーモアいっぱいに紹介する連載マンガだ。

明日海りおが登場したのは、2010年1月号。現在にいたるまで、ひっかかっているエピソードがある。宝塚音楽学校入学のあらましは、下記の通り。

●中学3年生の夏休み、友達から宝塚のビデオテープを渡される
●月組公演『LUNA』『BLUE・MOON・BLUE』
●観終わるころには、すっかりハマっていた

- その後、他のビデオや月刊誌『歌劇』『宝塚GRAPH』も借り
- ますますハマってしまう
- 「宝塚音楽学校を受験させて」と両親に懇願するが、
- 母は「何言ってるの。絶対ダメ！」
- 三日三晩、部屋にこもって泣きわめき、風邪までひいたところ
- 母から「じゃぁ…、とりあえず受けたら」とお許しがでる

どこにひっかかったかというと、ビデオ初観劇の作品だ。

静岡市内の名門女子校に通っていた中学3年生が、たった1本のビデオで人生が流転した。月組の2本立なのだが、どこに魅かれたのだろうか。

ショーに衝撃を受ける

『ウィズたからづか』（2008年12月号）のフェアリーインタビューでは、

数々の抜擢に、チャレンジャー精神で挑み続ける明日海りおさんの原動力は、

「宝塚が大好きだから」

夢が叶った初舞台は2003年4月、月組公演『花の宝塚風土記』。宝塚受験を決意したのは、そのわずか3年前だ。クラシックバレエ教室の友人に勧められてショー『BLUE・MOON・BLUE』をビデオで観たのがきっかけだった。

「衝撃を受けました。華やかで、独特の世界観があって」

魅了したのは、ショー『BLUE・MOON・BLUE』だった。

作・演出は、当時若手の齋藤吉正《さいとうよしまさ》。これが大劇場デビュー作となる。

砂漠をさすらうひとりの戦士が、月明かりの赤い花に導かれて幻覚を見るという設定で幕を開け、テイストはアジアンでエスニック風。とはいえ脈絡ないまま、突然、4人娘のバニーちゃんが登場し

ちゃったり、アフロのディスコダンサーがフィーバーしちゃったりもする。主題歌は、「THE ALFEE」の高見沢俊彦《たかみざわとしひこ》が書き下ろしている。

トップコンビを組むのは、真琴つばさ&檀《だん》れい。2番手で要所をしめるのは、紫吹淳《しぶきじゅん》。

脂ののった真琴つばさトップ時代ではあるのだが、筆者の感想は、

「毛色の変わったショー」

スピーディでサービス精神旺盛。見せ場も多いが、中学3年生をシビれさせてしまう何があったのだろうか。歌劇史に残る名作『ノバ・ボサ・ノバ』や、1000days劇場の開場2作目を飾ったロマンティックレビュー『シトラスの風』ならば、まだ理解できたのだが。


ビデオ初観劇から15年余り。

ムック本『TAKARAZUKA REVUE 2017』のインタビューで、「ご自身がちょっと落ち込んだ時や、元気がないなという人にお勧めしたい、観たらハッピーになれるタカラヅカの演目を教えてください」という質問があった。

明日海の回答は、

私がファン時代から元気をもらっていたのは『BLUE・MOON・BLUE』です。私が

初めて観た宝塚のショー作品で、特にパレードのシーンは最高です。

面白いことに同じ質問に現・雪組トップスター望海風斗《のぞみふうと》も、

パッと思いつくのは月組公演『BLUE・MOON・BLUE』です。宝塚音楽学校を受験する前、「どうしても合格したい!」と思わせてもらえたショーで、今でもこの作品を観ると初心に帰ります。ワクワクするプロローグからミステリアスな雰囲気の中詰め、マミさん(真琴つばさ)がカッコよく踊るフィナーレナンバーなど大好きです!

長々と『BLUE・MOON・BLUE』についてこだわってきたが、当たり前のことに気づかされる。昭和世代と平成世代とは、ステージへの感受性がまったく異なっている。

筆者の世代からすれば「異色作」と映った『BLUE・MOON・BLUE』であるが、幼少時代からはるか多岐にわたる芸術に触れてきた明日海りおや望海風斗の目には、まったく違った印象を残したようだ。

ドラマを見ているよう

論考を、明日海りおの宝塚音楽学校受験時に戻す。

先に要約した「波瀾爆笑!? 我が人生」での音楽学校合格までを時系列で追ってみると、やはり意外な感想を抱く。

中学3年時の夏から記すと、

- ●2000年 夏休み 友達から『BLUE・MOON・BLUE』のビデオを借りる
- ●2000年 夏休み終盤 宝塚音楽学校受験を決意
- ●2000年 夏休み以降 ピアノの先生に声楽も教えてもらう
- ●2000年 秋になる前 ラジオ番組「ビバ! タカラジェンヌ」プレゼントに当選して
- ●2000年 9月〜11月 月組公演『ゼンダ城の虜』『ジャズマニア』を観劇
- ●2001年 3月 宝塚音楽学校受験
- ●2001年 4月 宝塚音楽学校合格

いくらなんでも、急すぎないか。

高校3年の夏休みなら、まだ理解できる。

だが中学3年生。県下有数の進学校に通い、高校への内部進学を目前にして芸能の道を志す。ただし音楽学校受験を決意した時点では、生のステージは観劇していない。

まして、ひとりっ子である。

宝塚音楽学校を受験する機会は、中学3年から高校3年まで4回ある。

両親も「せめて高校進学してから、来年度に受験してみたら」と諭したと、推測にかたくない。だが思い立って有言実行した。

度胸がいいというか、物怖じしないというか。

直後にはラジオ番組の懸賞に当選して、宝塚大劇場で観劇する機会に恵まれる。普通、ラジオ番組の懸賞なんて当たったためしがない。

でき過ぎたドラマを見ているような展開だ。

次章では、中学時代を知る人物にご登場願った。

第2章

美女軍団から「超・美形」のお墨付き

バレエ教室の主宰はなんと

明日海は3歳からバレエ教室に通っていた。
静岡市内の前田バレエ学苑。
公式ＨＰには、沿革が記されている（一部、表現を補いました）。

１９５０年５月　前田房江が県下で初めて、クラシックバレエの教室を開設。
１９７０年３月　世田谷区成城に東京教室を開設。
１９７８年１月　前田香絵、前田藤絵が前田バレエ団設立。以降隔年に公演活動を行い、地元オーケストラと共にチャイコフスキー三大バレエ「くるみ割り人形」「白鳥の湖」「眠れる森の美女」の他「ジゼル」「シンデレラ」等を上演。

現在の主宰は、前田藤絵《まえだふじえ》。公式ＨＰを中心に経歴を紹介する。

　幼少よりクラシックバレエを始める。宝塚歌劇団を経て、東京シティバレエ団に入団。「くるみ割り人形」の金平糖、シンデレラのタイトルロール、「白鳥の湖」より黒鳥などを踊る。

その後、谷桃子バレエ団に移籍以後「ラ・バヤデール」のガムザッティ、「白鳥の湖」の黒鳥、「くるみ割り人形」の金平糖など主要な役柄を務める。現在は退団して、公益社団法人「日本バレエ協会」の理事。

元タカラジェンヌなのである。

「ホームページにある前田房江《ふさえ》というのは、私の母。香絵《よしえ》は、姉です」

バレエ学苑の前田藤絵・主宰に、取材に応じていただいた。

「戦後まもなくですが、母は、私たち幼い姉妹にバレエを習わせたいと、バレエ教室を開いてね。先生も東京から呼んだんです。そうしたらご近所から、うちの子どもも一緒に、と言われまして。それが今につづくスタートです。また宝塚の静岡公演を手掛けたのも母でした」

現在は、静岡県内に10か所、東京に1か所のスタジオを経営している。

前田女史は、宝塚歌劇団の53期。1965年（昭和40年）に宝塚音楽学校に入学し、1967年（昭和42年）に初舞台を踏んでいる。歌劇団時代の芸名は、由槻《ゆつき》かおる。

「同期には、藍《あい》えりな（現・エリナ）、三井魔平《みついまこ》（現・まこ）、室町《むろまち》あかねなどなど。ひとつ上の期には、松《まつ》あきらさん（元花組トップスター。現・参議院議員）がいます。研究科2年で退団しましたから、音楽学校2年とあわせて、宝塚にいたのは4年。その後は東京シティバレエ団に入団して、バレエひと筋で歩んでいます」

元タカラジェンヌが開設するバレエ教室ということで、宝塚音楽学校を受験したいという教え子は少なくないそうだが、

「うちは、粛々とバレエを踊る教室です。宝塚の受験用レッスンは、まったくやってないんですよ。だから『受験したいんです』と言われても、『どうぞ頑張ってね。でも受験対策は何もしてあげられないからね』。内緒にしたまま、受験している子もいますよ」

宝塚受験スクールではなく、純然たるバレエ教室と強調していた。

中学時代の実力は？

前田女史にコンタクトを取ったのは、中学3年生までの明日海りおを知っているからだ。

舞台芸術への審美眼を持ちあわせている師匠の目から見て、幼い明日海が他のバレリーナやタカラジェンヌとは違ったどんな才能をもっていたのか。

「とても綺麗な子でしたね。おっとりとして、品がある、いいお嬢さんでした。ただし中学3年時に、どんな原石の輝きがあったかといえば、私には気づかなかった。私の専門はバレエですから、バレエ

に限れば、ですが」

と語りつつ、

「宝塚の場合、試験官はその道のプロですからね。一見、地味に見える子でも何か光るものがあれば、それを見抜く。50人一列で並んでいても、華のある子はそこだけピカって輝いて見えるのでしょう。さらに宝塚はスターを作ります。見きわめるプロが見れば、その時点では何もできなくても、歳月をかけて仕込めばできるようになるとわかる。５年後10年後に、こうなると見えるものがあって評価されたんじゃないでしょうかね」

音楽学校在籍中のこと。

「音楽学校を卒業する前に、一度、スタジオを訪ねてきたことがあって。髪の毛を染めてね。あ〜ら、たった2年で変わったわねと思ったものです。そうそう、一緒に稽古に励んだ中では、東京バレエ団のプリンシパル、川島麻美子《かわしままみこ》がいますよ」

最後に興味深いエピソードを披露してくれた。

静岡県内における県民性の違いである。

「ウチは、浜松にも静岡市内にも教室があるのですが。浜松で、こんな新しいことをやってみましょうかと話が持ちあがると、『やらまいか』。やりましょう、と盛りあがる。一方、静岡では少し静かな反応になります。同じ県民でも、こうも違うのかと驚いちゃいます」

この言に従えば。

中学時代の明日海りおは、静岡市民にしては珍しい超積極性を持ち合わせていた。

東京・宝塚の2大都市には、受験スクールがいくつも存在する。

宝塚市内の「スタジオ・トップハット」も代表的スクールとして知られ、幾多の現役・OGを輩出している。直近の107期には、3人の生徒が合格している。

主宰は、日比野桃子《ひびのももこ》。「みさとけい」の芸名で舞台に立ったタカラジェンヌ54期。男役として活躍して、退団後には歌劇団初の女性演出助手をつとめている。

「スタジオ・トップハット」の公式HPトップには、「当スタジオからの宝塚歌劇団生徒」というリストが掲げられており、明日海りおの名前もアップされている。

スクールに確認したところ、

「中3の夏期講習、冬期講習、春期講習、受験直前講習と、以前のスタジオ2階の寮にみんなと連泊し、夜中も自主練習して受講していました。大人しくても熱心な生徒でした」

改めて本気度に驚かされた。

静岡から宝塚まで、現在でも、新幹線ひかりを用いて3時間近く。

まして中学3年生である。

1回目にして、「運だめし」なんて気配がみじんもない。

超本気モードだった。

受験会場での悲喜こもごも

夢咲《ゆめさき》ねねも、89期。

柚希《ゆずき》礼音《れおん》の相手役として星組娘役トップをつとめた。

富山県内の中学時代の修学旅行で、月組『螺旋のオルフェ』『ノバ・ボサ・ノバ』を観劇して、音楽学校受験を決意する。

前章でも触れた「波瀾爆笑!? 我が人生」(『宝塚GRAPH』2008年8月号)では、受験時におけるエピソードが綴られている。

●受験時に、夢咲は高校1年生
●一次のバレエの試験で一緒に踊ったのは、明日海りおで、
●「こんなキレイな人がいるんだ!」とびっくり
●思わず「すっごくきれいだね」と声をかけるが、

●素っ気なく「そうですか?」
●ガーン。「キレイな人は恐い!」とショックをうけた

夢咲ねねに、「こんなキレイな人がいるんだ」と思わせるほどである。いかばかりの美貌だったのだろうか。

一方、「キレイな人は恐い!」にまつわるエピソードは、明日海りおの回でも触れられている。明日海の視点から振り返ると、

●一次試験の実技では、夢咲ねねの脚の長さとオーラに圧倒され、
●「この子と一緒に踊りたくないな……」
●と思ったら、夢咲から「きれいだね!」と声をかけられ、
●(え? あなたの方がオーラが…)と思うと、ビックリしてしまった
●以前、ねねちゃんの回で、怖かったとありましたが、圧倒されて弱気になっていたんです

試験会場は、宝塚市内。

富山在住の夢咲は、東京と宝塚と2か所ある受験場所のうち、宝塚で受けた。一方、静岡市からは、

東京の方が断然に近い。しかし明日海は宝塚で受験した。その理由を「東京でも受験できるが、本場宝塚音楽学校で受験がしたいと思い　宝塚で受験をする」と記しているが、「スタジオ・トップハット」に通っていたため、土地勘があることと、スクールの仲間がいて安心できたことも理由のひとつだったのかも知れない。

筆者が調べた限り、宝塚受験スクール「スタジオ・トップハット」に通っていたと、明日海自身が明かした記録はない。

これには、静岡雙葉中学・高校の教育方針が影響しているのではないか。

静岡雙葉では、芸能活動が奨励されていないと仄聞《そくぶん》している。そんな中、中学3年時から、遠く離れた兵庫の地まで宝塚受験のため合宿に参加していたことは、すでに歳月が流れたあとでも公にしにくかったのではないか。揣摩臆測《しまおくそく》かも知れないが。

89期入団時の首席は、凪七瑠海《なぎなるうみ》だ。東京都世田谷区出身。

通称デンフタこと、都内名門女子校「田園調布雙葉高校」の出身。父親は、東京藝大卒の声楽家。芸名の名付け親は、直木賞作家の陳舜臣《ちんしゅんしん》。

凪七を取り上げた「波瀾爆笑!?　我が人生」（『宝塚ＧＲＡＰＨ』２０１０年６月号）では、

●二次試験当日
●高校生の凪七は、受験番号が1つ前だった明日海りおを見てビックリ
●「こんな可愛い子　見たことない」

89期の入団時成績4番は、美弥《みや》るりか。茨城県古河市出身。高校は、東京都北区の桜丘女子高校に通う。高校1年時に音楽学校を受験し、

●二次試験の控え室で、明日海りおを見かけ
●「色白いし、鼻高いし、この人、ハーフ？」
●すごいショックを受け
●「こんな綺麗な人　初めて見た！　こういう人が受かるんだ!!」

「波瀾爆笑!?　我が人生」には男役娘役あわせて89期11人が登場しているが、うち本人を除く3人までが明日海の美貌を称えている。当時の高校生が、年下の中学3年生の美しさを昨日のことのように回想しているのである。

成績上位者は男役ぞろい

89期について、振り返ってみる。
宝塚歌劇団入団時の成績トップ10は、

●首席　凪七瑠海　（男役）東京都世田谷区　田園調布雙葉高校　宙組
●2番　望海《のぞみ》風斗《ふうと》　（男役）神奈川県横浜市　法政大学女子高校　花組
●3番　成花《なるか》まりん　（娘役）神奈川県鎌倉市　北鎌倉女子学園中学　星組
●4番　美弥《みや》るりか　（男役）茨城県古河市　桜丘女子高校　星組
●5番　純矢《じゅんや》ちとせ　（男役）東京都港区　東洋英和女学院高等部　雪組（後に娘役に転向）
●6番　碧海《あおみ》りま　（男役）大阪府豊中市　豊中高校　星組
●7番　舞姫《まいき》あゆみ　（娘役）広島県廿日市市　山陽女子高校　宙組
●8番　明日海《あすみ》りお　（男役）静岡県静岡市　静岡雙葉中学　月組
●9番　愛輝《あいき》ゆま　（男役）広島県福山市　福山暁の星高校　雪組
●10番　壱城《いちじょう》あずさ　（男役）兵庫県神戸市　武庫川女子大付属高校　星組

8人までを男役が占めている。

89期は、49名。

東京都（11名）＋神奈川県（7名）＋埼玉県（1名）で、首都圏出身者は計19名。

関西圏はといえば、京都府（2名）＋大阪府（4名）＋兵庫県（2名）＝ 8名。

首都圏および関西圏出身者の占めるパーセンテージが、直近の期と比べて多いのか、少ないのか。

はたまた以前と比べてどう変化しているのか。

出身地に限定して、計算してみた。

期（代表ジェンヌ）	生徒数	首都圏	関西圏	両圏の割合
●71期（真琴《まこと》つばさ）	46人	15人（33%）	20人（44%）	76%
●72期（紫吹淳《しぶきじゅん》）	45人	18人（40%）	18人（40%）	80%
●73期（天海祐希《あまみゆうき》）	42人	16人（38%）	18人（43%）	81%
●86期（凰稀《おうき》かなめ）	43人	19人（44%）	8人（19%）	63%
●87期（龍真咲《りゅうまさき》）	42人	17人（40%）	8人（19%）	60%
●88期（紅《くれない》ゆずる）	48人	20人（42%）	15人（31%）	73%

●89期（明日海りお）	49人	19人（39％）	8人（16％）	55％
●90期（愛原《あいはら》実花《みか》）	50人	23人（46％）	9人（18％）	64％

タカラジェンヌは東高西低？

総括すると、こうなる。

71期は、1983年（昭和58年）に音楽学校へ入学している。

ざっくり昭和40年以降生まれが該当する。

この世代が小学生・中学生だった時代には、家庭用ビデオデッキはまだ普及していなかった。宝塚歌劇に触れる手段は、ナマ観劇しかなかった。

71期のトップ四天王のうち、愛華《あいか》みれは鹿児島県出身。轟《とどろき》悠《ゆう》は熊本県出身であるため、地方出身者が多いという印象があるが、実際は4人に1人の割合だった。

71期から73期まで、全生徒における首都圏・関西圏出身者の割合はともに約40％を占める。つまりおよそ8割が東京&宝塚大劇場から普通に通える圏内に自宅があることになる。

15年後、どうなったか？

88期だけは、関西比率が高い。大阪府堺市の東大谷高校から紅ゆずる・綾音《あやね》らいらの2人が同時合格し、花影《はなかげ》アリス（大阪府大東市）、鳳翔大《ほうしょうだい》（兵庫県西宮市）、大湖《だいご》せしる（兵庫県川西市）とたしかな実績を残したスター&実力者がいたからだ。

その前後を見れば、首都圏率こそ15年前と同じ40%前後で推移している。

しかし関西の占有率は、40%から18%前後と降下している。

静岡県から宝塚歌劇の門を叩いた明日海りおは、8番の成績で音楽学校を卒業した。

心身とも成長が著しい思春期にあって、中学3年生とマックス高校3年生の差は少なくないから、8番という成績はそれだけ技量が備わっていたという証左であろう。

なにしろバレエは3歳、ピアノは4歳から習い続け、1歳からスイミングスクールにも通っていた。小学校時代には平泳ぎ・背泳・クロール、そしてバタフライの１００ｍ個人メドレーが泳げた。バタフライはすごい。か細い印象をうける明日海だが、本格アスリートの一面もあったのである。

音楽学校を卒業し、２００３年に宝塚舞踊詩『花の宝塚風土記』で初舞台を踏んだあと、月組に配属された。

次章では、当時の月組を回想してみたい。

第3章

月組には
アイドル候補生が
集う

涼風真世も天海祐希も

2003年には、まだ組のカラーが残っていた。

●花組：ダンスの花組。花の花組
●月組：アイドル系。個性派ぞろい
●雪組：日本物の雪組。歌唱力に定評あり
●星組：王様&貴公子系。長身、濃い
●宙組：上記4組から15名を引き抜き、1998年に新設。体育会系、腕立て腹筋

月組の歴代男役トップスターの変遷は次の通り。

●1982年〜　大地真央《だいちまお》（59期）
●1985年〜　剣幸《つるぎみゆき》（60期）
●1990年〜　涼風真世《すずかぜまよ》（67期）
●1993年〜　天海祐希《あまみゆうき》（73期）

●1996年〜　久世星佳《くぜせいか》　（69期）
●1997年〜　真琴《まこと》つばさ　（71期）

退団後も女優として活躍している面々が居並び、男役らしさというより、中性的なナチュラルな雰囲気が持ち味といってもいいだろう。

だが2003年当時の男役トップは、従来のアイドル路線とは一線を画していた。

紫吹淳《しぶきじゅん》。72期。

ダンスが凄かった。妖艶で、色気タップリ。紫吹が一時在籍していた星組カラーに近い。

深入りしないが、当時は男役の人事が停滞しており、トップスター就任までに気の遠くなるような歳月を費やすことも珍しくなかった。新しい専科制度が導入され、一律に2番手3番手の人事を塩漬けにする荒療治があった。組のカラーが薄れたのは、その副産物でもあった。

2003年当時の月組男役は、こんな陣容だった。

●トップスター　紫吹淳　（72期）　群馬県大泉町　大泉南中学　170cm
●バイプレイヤー　汐風幸《しおかぜこう》　（74期）　東京都目黒区　青山学院中等部　168cm
●2番手　彩輝直《あやきなお》　（76期）　神奈川県横浜市　新羽高校　170cm

●中堅スター

大空祐飛《おおぞらゆうひ》（78期）東京都世田谷区　田園調布雙葉中学　170cm
霧矢大夢《きりやひろむ》（80期）大阪府岸和田市　久米田高校　167cm
月船《つきふね》さらら（82期）滋賀県大津市　平安女学院高校　168cm

●若手スター

北翔海莉《ほくしょうかいり》（84期）千葉県松戸市　市立第二中学　169・4cm
青樹泉《あおきいずみ》（85期）東京都三鷹市　日本大学第二高校　173cm
彩那音《あやなおと》（85期）神奈川県横浜市　高木学園女子高校　168cm
真野《まの》すがた（85期）神奈川県横須賀市　清泉女学院　173cm
龍真咲《りゅうまさき》（87期）大阪府東大阪市　城星学園　170cm

アイドル系と呼べるのは、彩輝直、月船さらら、彩那音、龍真咲といった面々。彩輝と彩那は実の姉妹である。ちなみに汐風幸は、歌舞伎役者・片岡仁左衛門の長女だ。

89期が初舞台を踏む直前に、大きな組替えがあった。大和悠河《やまとゆうが》が、宙組に組替えとなったのである。

大和は、81期。月組ひと筋の男役にして、キラキラとした容姿で「天海祐希2世」とも呼ばれた。本公演・バウ公演とも抜擢につぐ抜擢をうけ、新人公演の主演歴は6度。初舞台生でたったひとり選ばれる阪急電鉄初詣ポスターのモデルもつとめている。

2002年当時、大和は2番手スター。

天海祐希と同じように、超スピード出世で、月組の男役トップスターに昇格するのではないかと思われていた。

しかし2003年2月に、突然、宙組に異動する。

トップへの道は険しく遠い

当時、ファンの間にはいわく言いがたい緊張感が漂っていた。

人事がシビアになっていた。

上がつっかえていた。

歌劇団に首席入団した安蘭《あらん》けいでさえ、組を転々として、星組のトップスターに就任したのは、入団から16年目だった。高校3年で音楽学校を受験したら、アラフォーに近い。うーんと思わざるを得ない。

月組で男役人生をスタートさせた大空祐飛の初舞台は、1992年。その後、花組に異動して2番手に昇格したが、わずか1年で宙組に組替え。組替えと同時に男役トップに就任という慌ただしい異動であった。入団18年目の2009年のことだ。

人事の停滞は、さまざまな疑心暗鬼を呼ぶ。

悪いこととは思いつつ、抜擢された下級生や、なかなか退団しない上級生を、恨めしく思う。こうして当時、「アンチ」（＝快く思わない）という用語が頻繁に使われた。

ファンも戸惑った。同じメンバーで公演を続けているからこそ、生まれてくる信頼感がある。コロコロと陣容がかわっていると、愛着がわかない。

新聞社の担当記者でさえ、「あまりにも組替えが多くて、いまどこの組に誰がいるのか、さっぱりわからない」とコボしていた。それまでまったく縁のなかったスターが落下傘のように降下して、そのままトップスターに就任しても素直に喜べない。

89期が初舞台を踏んだころには、そんな空気が漂っていた。

月組の2番手スター・彩輝直も、紆余曲折ある男役人生を送ってきた。

1990年に初舞台を踏み、月組に配属される。抜群のルックスからアイドル候補生として白羽の矢が立てられたからだろう。

1996年に、星組に組替え。『エリザベート』で新人公演主演をはたす。

2000年、新しい専科制度の導入に伴い、専科に異動。

2003年に、2番手スターとして月組に戻る。

２００４年、紫吹淳の後任として、月組トップスターに就任する。トップスターとしては、大劇場公演２本、バウ公演１本、全国ツアー１本。１年２か月の短期政権に終わった。


月組において、明日海りおにはどんな期待がかけられていたか？

指標になるのが、新人公演での配役である。

宝塚歌劇では本公演期間中、本公演での配役（本役）を研究科７年（初舞台から７年目）までの中堅若手で演じる公演が１回だけある。これが新人公演だ。

明日海は初舞台以降、こんな役どころに配された（カッコ内は、本役）。

２００３年11月　『薔薇の封印』　アンリ（月船さらら・82期）
２００４年６月　『飛鳥夕映え』　葛城稚犬養連網田（姿樹《しき》えり緒・86期）
２００５年２月　『エリザベート』　ルドルフ（彩那音・85期）
２００５年９月　『ＪＡＺＺＹな妖精たち』　ミック（月船さらら・82期）
２００６年５月　『暁のローマ』　アントニウス（霧矢大夢・80期）
２００７年１月　『パリの空よりも高く』　ジョルジュ（大空祐飛・78期）
２００７年７月　『マジシャンの憂鬱』　ジャール（霧矢大夢・80期）

新人公演では、5期～8期ほど上級生の役どころが振られる。ど真ん中のスター候補生ならば、将来のトップスターの役どころに毎回配されることも珍しくない。

月船さららは、滋賀県大津市出身の82期。「月組 → 宙組 → 月組」と組替えして、2002年には『長き春の果てに』で新人公演主演もはたしている。彩那音は、月組トップ彩輝直の実妹。85期。姉が人目をひくビジュアル系なら、妹はすっきり和風美形だ。

いずれの上級生も、男役トップスター真琴つばさ時代に、研鑽をつんできた男役である。真琴つばさは、芝居を大事にする。時にオーバーアクションと感じることはあるが、一瞬たりとも気を抜かず、ステージに集中する様子がうかがい知られる。

牽強付会《けんきょうふかい》かも知れないが、結果的に、公演ごとに異なった本役の芝居を間近で眺め、血となり肉としていったことは、若手時代の明日海の大いなる財産になったのではないか。

特に霧矢大夢の役を配されたのは、貴重な経験になったはずだ。

霧矢は、大阪府岸和田市出身の80期首席。

歌よし、踊りよし、芝居よし。2001年元旦、新装された東京宝塚劇場の開幕を告げる『いますみれ花咲く』にて、開幕を告げるソロを娘役の美々杏里《みみあんり》（74期）とともに歌いあげた。台詞まわしも明瞭で、演技にあいまいな箇所がない。言わされている台詞が、霧矢にはない。

幼いころから母親と一緒に宝塚歌劇に親しんでいたディープなファンとは異なり、明日海りおには宝塚観劇の蓄積がない。

その巡りあわせは、かえって明日海の武器になったのではないか。

花組配属の成績2番は

筆者の古い宝塚観劇体験は、小学校3年生ごろ。榛名由梨《はるなゆり》（49期）&安奈淳《あんなじゅん》（51期）コンビの『ベルサイユのばら』。テレビ観劇である。1975年（昭和50年）。寿美花代《すみはなよ》（35期）のファンだった母親が洗濯物を畳みながら、テレビをつけていた。筆者は10歳そこそこだったが、「そのワインには、毒がはいっていたんだ〜」など細部にいたるまでよ〜く憶えている。

子ども心ながらに「演技がオーバーすぎる」「異様にタメるなぁ」と感じていた。

明日海には、そんな体験がなかった。

しかも芸術への審美眼がなかったわけではない。

バレエは3歳から。レッスン仲間に、後に東京バレエ団のプリンシパルに就任する逸材もいた。バレリーナとしての必要条件も的確理解していただろう。

ピアノは4歳から習っている。ひとつの楽器を続けられることは、ひとつの才能である。

明日海の新人公演の配役はどうだったか。

同期と比較してみる。

89期の成績2番は、望海風斗《のぞみふうと》。花組に配属された。当時は、「花の花組」。歴代、生え抜きが花組トップに就任していた。身長169㎝だが、実際にははるかに大きく見える。いかにもリーダーシップがありそうな望海に花組配属は、ピッタリに思える。

その望海の新人公演は、

2004年1月　『天使の季節』　ジョルジュ　（蘭寿《らんじゅ》とむ・82期）
2004年8月　『La Esperanza』　トム　（蘭寿とむ・82期）
2005年3月　『マラケシュ・紅の墓標』　クリフォード　（彩吹真央《あやぶきまお》・80期）
2005年11月　『落陽のパレルモ』　リカルド　（愛音羽麗《あいねはれい》・83期）
2006年6月　『ファントム』　セルジョ　（愛音羽麗・83期）
2007年2月　『明智小五郎の事件簿』　寺坂　（愛音羽麗・83期）

蘭寿とむ（82期）と望海風斗。似ている。

彩吹真央は、80期。霧矢大夢の同期である。花組2番手から雪組に組替えした。熱烈なファンが多かった演技派男役だ。

実に順当な新人公演の配役が続いていたことになる。

だが当時の花組の事情によるのだろうが、その次の公演から3作続けて、愛音羽麗の役をつとめることになる。愛音は美形スターとして人気を集めたが、蘭寿や彩吹よりも下級生の83期。キャリアを積めば、さらに上の期の役どころといくはずが、そうはならなかった。おまけにそのまま女優がつとまるほどの美形にして、妖精タイプ。望海とは持ち味が異なっていた。

新人公演主演の一番乗りは

他の89期はどうだったか。

蓮城《れんじょう》まことは、成績28番。大分県大分市出身。

大分県立芸術文化短期大学附属緑丘高校の2年時、3度目の受験にて宝塚音楽学校に合格する。

若手時代は、苦み走った男役という印象が残っている。

蓮城は、雪組に配属された。新人公演では、

2004年11月『青い鳥を捜して』　チャン　(凰稀《おうき》かなめ・86期)

２００５年６月『霧のミラノ』　オットー　（凰稀かなめ・86期）
２００６年２月『ベルサイユのばら』　ジェロワール　（音月桂《おとづきけい》・84期／水純花音《みすみかのん》・82期）
２００６年９月『堕天使の涙』　マルセル・ドレフェス　（彩那音《あやなおと》・85期）
２００７年５月『エリザベート』　ルドルフ　（凰稀かなめ・86期）

後に宙組トップスターに就任する凰稀かなめの本役を3度、ダブルキャストではあるが雪組トップスターにのぼりつめた音月桂の役どころにも起用されている。

新人公演の配役という観点から見れば、蓮城の役づきは申し分ない。

89期の新人公演の初主演は、結局こうなった。

●蓮城まこと　２００８年1月『君を愛してる』　ジョルジュ　（水夏希《みずなつき》）
●明日海りお　２００８年3月『ＭＥ ＡＮＤ ＭＹ ＧＩＲＬ』　ビル　（瀬奈《せな》じゅん）
●望海風斗　２００８年11月『太王四神記』　タムドク　（真飛聖）

わずかの差で、蓮城まことが初主演の一番乗りをはたしている。

明日海・蓮城とも、研究科5年生の最終盤での初主演。望海は、研究科6年生での初主演。とびぬけて早いわけではないが、３人とも順当に中堅スター街道を歩みはじめたと言っていいだろう。

もう一人の89期について触れてみたい。

首席で入団した凪七瑠海である。

産経新聞大阪版２００４年1月15日付に、「宙組・凪七瑠海：瑠海はイランの詩人から」と見出しがつけられた記事が掲載された。

初舞台から、同期生の代表として何かとクローズアップされることが多く、「初風緑コンサート」にも選抜メンバーとして出演。〝０４年新春の顔〟として、親会社の阪急電鉄の初詣ポスターのモデルもつとめている。

「振袖もかんざしも初めてなので恥ずかしいです。昨年は、次々に与えられたことをこなしていくのに必死。でも、貴重な経験ばかりでとても充実していました。なかでも初風さんのコンサートは、役を創り上げていく上級生の方たちを間近に見ているだけで、すごく勉強になりました」

当該記事は、現在もウェッブ版にアップされている。鮮やかな紅色の和服をまとい、破魔矢を手にした研究科1年の凪七瑠海の写真が掲載されているのだが、なんと言ったらよいやら。お美しい。そして可愛い。

父親が東京藝大卒のオペラ歌手、出身校は田園調布雙葉高校。自宅は、東京都世田谷区。流行作家が芸名の名付け親。

CS専門チャンネル「タカラヅカ・スカイ・ステージ」のスカイ・フェアリーズにも抜擢された。そのまま男役スター街道をまっしぐらと思っていた。

だがそうはならなかった。

初めての新人公演では、娘役・花影アリス（88期）の役どころに起用された。

綺麗すぎた、というとあまりピッタリの表現ではないが、ヒロインとして十分通用する美貌が男役としてはプラスには作用しなかったのかも知れない。

『エリザベート』での変化

明日海りおは、4作もの新人公演主演をはたした。

若き日の姿は、宝塚クリエイティブアーツのDVD『Energy PREMIUM SERIES』に刻まれている。このDVDを見返し、パンフレットの縮刷版を読み返しているうちに、面白いことに気づいた。意味が通りやすいように、一部ことばを補ったり省略する。

（本役の瀬奈じゅんからは）小道具の細かいこと、この位置でリンゴを転がしたら、この角度でどうなるとか、ソファーで帽子をかぶって前転する時はどうだとか、細かく教えていただいた上で、「ビルとして生きること、ビルとして力を抜いて伸び伸びと生きて、サリーを本当に愛すれば、それがビルだから、みりおのビルをやればいいから」と言って下さって。それでラクになりました。

（DVDのボーナストラック『ME AND MY GIRL』新人公演インタビュー）

本役の瀬奈さんには、「みりお（明日海）なりの匂宮を演じればいい」と声をかけていただきました。匂宮の、浮舟への一途な思いを募らせ、その罪に恐れながらもなお彼女に惹かれていくという、彼の内に秘めた熱さのようなものを、改めて強く実感しています。

（縮刷版プログラム『夢の浮橋』）

東京都杉並区出身の瀬奈じゅんは、78期。

演技力や観客をわかせる絶妙の間合いに、定評があった。花組から月組に組替えして、そのままトップスターに就任した。

そんな瀬奈が、11期下級生に向かって「自分なりの主役を演じればいい」と太鼓判を押している。

もちろん本番の緊張をほぐすために、「自分なりの演技を思いきりすればいいんだよ」とアドバイスした側面もあるだろうが、このインタビュー映像を見る限り、筆者には「演技派&エンターティナーの瀬奈が、明日海に信頼を置いている」と感じられた。

新人公演で3度目の主演作『エリザベート』には、明日海の心境に微妙な変化が見てとれる。

今の学年（研究科7年目）になって、下級生がひとりひとり、新人公演に熱い思いで頑張っているのを見て、「自分でやりたいように、やればいい」というだけで済まないものもありました。（今後に控える）東京公演ではもっと深く、掘り下げなければならないところがあったと思います。
（『エリザベート』新人公演インタビュー）

新人公演最後の学年で、すでに参加メンバー全体に目配りする余裕が感じられる。最後の新公主演は、奇しくも瀬奈じゅんの退団公演ともなった。

瀬奈からのアドバイスは、

「アステリアという役は、自然体でいる一番の役。だから余計なことは考えないで、余計なことはしないで、素直に力まずやるのがいいと思うよ」と言っていただきまして、「悔いのないようにね」とおっしゃっていただきました。終演後に、「落ち着いてたね」と言っていただいたのですが、そんなことはなくて、実際は手も震えていました。

（『ラストプレイ』新人公演インタビュー）

新公初主演となった『ME AND MY GIRL』での明日海りおは、超多忙をきわめていた。本公演では、娘役の城咲《しろさき》あいとともに役替わりの2役に扮した。ソフィアと、公爵夫人の姪ジャッキー。ジャッキーは準主役クラスの役どころで、過去には剣幸・涼風真世・真琴つばさが扮している。明日海にとっては、初めての女役となる。

この初女役と、別の娘役に加えて、新人公演では主人公ビルを演じた。

並の才能と精神力では到底つとまらない3役を、歌劇団は研究科6年目の明日海に課した。

明日海は見事に期待に応えた。
だからこそ、4作連続主演につながった。

宝塚スターは時代を反映する？

毎日新聞で健筆をふるった演劇評論家の水落潔が、「歌舞伎と宝塚」という論考で興味深い指摘をしている。

宝塚歌劇は小林一三の国民劇構想の一環として一九一四年に創立された劇団で「家族が安心して愉しめる演劇」という性格を持っていた。（中略）つまり「清く正しく美しく」で、それが女性観客を集める理由になった。これは裏から見ると一般社会で人気のある歌舞伎や映画を女性向けに再構成した演劇でもあった。（中略）映画で美男スターの長谷川一夫が人気を集めていた時代の宝塚のトップ・スターは、すっきりとした二枚目の春日野八千代で、やんちゃ坊主の石原裕次郎が全盛期の時代のスターは、エネルギッシュな那智わたるや上月晃であった。宝塚のスターはずっと、一般社会の好みを反映していたのである。

（『悲劇喜劇』2018年9月号　特集「OH！タカラヅカ」より）

筆者が抱いた仮説は、

●宝塚の男役スターは、その時代の空気を反映している

この仮定を起点とすれば、明日海りおという男役の真価が問えるのではないか。

例えば、星組トップスターとして長らく活躍した柚希礼音《ゆずきれおん》は、それ以前には似たタイプを見出すことができなかった。

柚希礼音を生み出した時代の空気とはなんだろう？

筆者が感じるのは、「スキがない」。そして、プロフェッショナル。

柚希が宝塚歌劇団に入団したのは、1999年。

この頃の時代には、2001年にデビューしたＥＸＩＬＥが透けて見える。曖昧を排して、ショーアップに徹する。とことん濃い。

柚希には、演技とかダンスということばより「パフォーマンス」という用語が似合っている。

SNS芸人のはしり？

明日海りおは、美形だ。

単なる美形ではない。テレビでも映画でもじゅうぶん通用するレベルの美形だ。テレビでも通用すると言えば天海祐希が挙げられるだろうし、大地真央もそうだ。

さらに。

明日海りおは、容姿だけで人気を集めたわけではない。

セルフ・プロデュース力とでも言おうか。自分自身のことばやスタイルで、ポリシーを発信する力を有していた。これは明日海の世代ならばこそ。隆盛しているSNS時代を先取りしたとも言えるのではないか。

かつての真矢みきも、珍しく発信力のあるジェンヌだった。だが真矢にはプロテスト（反抗）という主義主張が色濃かったのに対して、明日海はもっと地に足をつけた形而下の話題を発信した。そして好感を勝ち得ていた。

タカラヅカMOOK『ザ・タカラヅカⅢ　月組特集』の刊行は、2004年2月。

まだ初舞台から1年たたない明日海は、「将来どういう男役になりたい？」というインタビューに、こう答えている。

私なんて、まだぽんと舞台に出されたら本当にスキだらけで、普段の素の自分が出てしまうんです。上級生の方々からいっぱい学んで、舞台で意欲的に実践していかなきゃダメだと実感しています。それと、自分の殻を打ち破りたい！　思い切ってやっているつもりでも、ビデオで観たらまだまだ。そこを乗り越えないと！　というのが今の自分の課題です。

インタビューが掲載されたのは、一般的な学年でいえば高校3年生に当たる。その若さで、なんという説得力。「ぽんと舞台に出されたら本当にスキだらけ」とか、「思い切ってやっているつもりでも、ビデオで観たらまだまだ」なんて、ボーっと生きてきた筆者なぞには浮かばない表現だ。

明日海りおは、自分自身を客観的な視点で見ることができる。

俳優にとって、強烈なアドバンテージになる。

前掲「波瀾爆笑⁉　我が人生」において、筆者がハートをわしづかみにされた1コマがある。

宝塚音楽学校の二次試験の面接。

「緊張のあまり、少し訛ってしまった」というエピソードだ。

オドオドする自身の姿が「アハハハ」と笑う試験官とともに描かれている。筆者も静岡生まれなのでよくわかる。静岡県人は、ビミョーなイントネーションに違いや訛りがある。年に1回は恥ずかしい思いをすることがある。

マイナスにもなるエピソードも、サラリと発信できる。

明日海りおには、セルフ・プロデュース力がある。

やはり前掲「波瀾爆笑⁉ 我が人生」では、音楽学校受験時の洋服について「一番お気に入りの水色のワンピース」と記されている。「はじめに」で記した「すみれ売り」の際、明日海の和服は水色だった。水色が似合うということを知っている。

イヤミのない範囲で自分を説明しようとする。

SNSを積極活用している芸能人における別タイプの走りだったとも言えるかも知れない。

89期のタカラジェンヌは、おのおの何歳で劇場初観劇したか?

特に遅かった面々を挙げてみる。

●夢咲ねね（富山県）中学2年生　月組『螺旋のオルフェ』『ノバ・ボサ・ノバ』
●羽桜《はざくら》しずく（北海道）高校時代　雪組全国ツアー『風と共に去りぬ』
●明日海りお（静岡県）中学3年生　月組『ゼンダ城の虜』『ジャズマニア』
●白華《しらはな》れみ（熊本県）中学生時　花組『ザッツ・レビュー』

宝塚音楽学校を受験するのは、一生を左右する決断である。羽桜しずくの高校時代は特に遅く、中学時代の明日海りお、夢咲ねね、白華れみも受験を考えるには遅い部類だろう。

だが。こう考えてみてはどうだろうか。

89期生が10代を過ごした1990年代、国内の交通網は非常に発達した。

宝塚歌劇団も、1997年に宙組を新設させ、東京宝塚劇場での通年上演を実現させた。東京の日比谷で、いつでも上演しているという体制を整えた。全国ツアーを増やし、全国津々浦々に眠るファンの掘り起しにつとめた。公演ビデオのリリースなど、東京と宝塚の大劇場に足を運べないファンをとりこもうとした。

その結果。

ファンを新たに発掘しただけでなく、それまで宝塚受験なぞ夢想もしなかった全国各地のダイアモンドの原石が宝塚音楽学校の門を叩き始めた。首都圏&京阪神ではない地域から、多くの才能が集ったといえないだろうか。

最後に、もうひとつ指摘しておきたい。

89期は洗練された都会的ムードに満ちている。

コテコテ感がない。

京阪神のテイストがまったく漂わないのである。

次章では、新人公演と並ぶスター候補生の登竜門について考察する。

第4章

シェイクスピア劇でも、アリスのスピンアウトでも

生え抜きトップがいなくなった

本章では、バウ主演作について考察する。

『ME AND MY GIRL』が幕をあけた2008年当時、月組の男役はこんな陣容だった。

●トップスター　瀬奈《せな》じゅん（78期　東京都杉並区）

●ベテラン　越乃《こしの》リュウ（79期　新潟県新潟市）

●2番手　霧矢大夢《きりやひろむ》（80期　大阪府岸和田市）

●中堅スター　遼河《りょうが》はるひ（82期　愛知県名古屋市）

桐生園加《きりゅうそのか》（84期　神奈川県横浜市）

青樹泉《あおきいずみ》（85期　東京都三鷹市）

星条海斗《せいじょうかいと》（86期　神奈川県横浜市）

龍真咲《りゅうまさき》（87期　大阪府東大阪市）

●若手スター　榎登也《えのきとうや》（87期　神奈川県三浦郡）

光月《こうづき》るう（88期　埼玉県熊谷市）

明日海りお（89期　静岡県静岡市）

宇月颯《うづきはやて》（90期　埼玉県熊谷市）
鳳月杏《ほうづきあん》（92期　千葉県船橋市）

関西圏出身者が非常に少ない。
目立つのは、首都圏出身者の多さだ。
一方、各組の男役トップスターは、

●花組　真飛聖《まとぶせい》（81期　神奈川県川崎市）星組　↓　花組
●月組　瀬奈じゅん（78期　東京都杉並区）花組　↓　月組
●雪組　水夏希《みずなつき》（79期　千葉県千葉市）月組　↓　花組　↓　宙組　↓　雪組
●星組　安蘭《あらん》けい（77期　滋賀県甲賀郡）雪組　↓　星組
●宙組　大和悠河《やまとゆうが》（81期　東京都文京区）月組　↓　宙組

新しい専科制度が2000年に導入されて、8年。キツい表現になるが、それまでの人事考査だったらトップに昇格していたであろう男役も専科のままに据え置かれた。

その結果、ようやく上級生の人口密度は薄まった。

前頁の組の履歴を見れば一目瞭然で、２００８年当時、生え抜きのトップスターはひとりもいない。次なる生え抜きは、２００９年４月に星組トップに就任した柚希礼音《ゆずきれおん》（85期）を待たなければならなかった。ガラス細工のような人事が繰り返され、各組ともようやく若返りをはたせた。

主演もヒロインも準ヒロインもダブル

前章で『ＭＥ ＡＮＤ ＭＹ ＧＩＲＬ』での明日海りおの忙しさは、想像を絶していたと述べた。正確にいえば、その前からすでに多忙だった。

新人公演に先駆けること２か月。２００８年１月に、バウ公演『ホフマン物語』で初主演をはたしていた。ダブル主演ゆえに、２パターンを稽古しなければならなかった。

原作は、フランスの作曲家オッフェンバックによる同名オペラ。宝塚バウホール開場記念として初演されている。２００８年はバウ開場30周年にあたっていた。

主人公ホフマンには、青樹泉と明日海りおが配された。

青樹泉は、柚希礼音と同じ85期。

東京都三鷹市、日本大学第二高校の出身。

１７３㎝の大型男役で、新人公演では大空祐飛や瀬奈じゅんの役どころをつとめ、２００５年には

『エリザベート』のトート役（本役：彩輝直《あやきなお》）で新人公演初主演をはたしている。85期の月組男役としては青樹泉、彩那音《あやなおと》、真野すがたの3人が切磋琢磨《せっさたくま》していたが、彩那は2006年に雪組に、真野も2006年に花組に組替えしている。

『ホフマン物語』は、若き詩人が3人の娘とのロマンスを回想するといった設定で展開する。ダブル主演の上、ヒロイン・準ヒロインもダブルキャストという配役だった。

	1月2日〜7日	8日〜13日	19日〜25日	26日〜29日
●ホフマン	明日海りお	↓	青樹泉	↓
●歌姫アントニア	羽咲まな	青葉みちる	夢咲《ゆめさき》ねね	↓
●人形オランピア	夢咲ねね	美鳳《みほう》あや	花陽《はなひ》みら	夢咲ねね
●娼婦ジュリエッタ	青葉みちる	夢咲ねね	美鳳あや	夢咲ねね
●悪魔	青樹泉	↓	星条海斗	↓
●ミューズ	美鳳あや	↓	明日海りお	↓
●ニクラウス	宇月颯《うづきはやて》	↓	明日海りお	↓

まず主人公ホフマンを、12日間にわたってつとめあげる。しかも相手役となる3人の娘役は、6日

たったら役替わりになる。

これタイヘンです。

芝居は、間が命。立ち位置もビミョーに異なる。

主演バージョンが無事すんだら、今度はミューズ役&ニクラウスの2役。

演劇ジャーナリストの榊原《さかきばら》和《かず》子《こ》は、朝日新聞社が開設していたサイト「べるばらＫｉｄｓ　わ〜るど宝塚プレシャス＋」（２００８年3月3日付）で本公演の観劇記を綴っている。


　明日海りおのホフマンは、少年っぽく夢みがちな詩人の魂を感じさせる。歌唱は素直で「クラインザックの伝説」などは甘さがある歌声で大健闘。明日海のホフマンには〝恋を恋する詩人〟とでもいうような非現実感があって、悪魔や美女たちに翻弄されること自体が美しい悪夢といった感じになる。

同期と絶妙のコンビを組む

この時点で、明日海は研究科６年生。初舞台からまだ5年と10カ月しかたっていない。

新人公演には、本役というお手本がある。

しかし再演から30年もの歳月を隔てたバウ公演となれば、まったくのゼロから舞台をつくらなければならない。台本の読みこみ、演出家からの指示、その理解、共演者との間合いの取り方。いずれも極度の緊張を要する。

今回の執筆にあたって、CS専門チャンネル「タカラヅカ・スカイ・ステージ」で放送された千秋楽のステージを10回余り、見返した。

ずば抜けて巧かった。

他のタカラジェンヌとは違った芝居をしている。ことばで説明するのは難しいが、しいて言えば新劇の芝居に似ている。スキがない。抜ける間がない。リアルだ。

月組の歴代男役でいえば、霧矢大夢は安定感ある演技で定評があった。

だが明日海の場合は、質が違う。夢みる詩人という設定上、揺らいだり、不安定に見えながらも、ちゃんとバランスがとれている。

第二幕も中盤に差しかかると、巧さが明確になる。娼婦ジュリエッタとの芝居になってからだ。

演じるのは、明日海りおと夢咲ねね。

どういうストーリーかといえば、

3番目は「ヴェネツェア運河での娼婦のジュリエッタ」。高級娼婦のジュリエッタは、宝石のために自分の周りの男たちの影を悪魔に売っていた。そして次の獲物、ホフマンを誘惑する。彼女に魅せられて自分の影を与えるホフマン。そのうえ彼女の情夫のシュレーミルと決闘することになり彼を倒すが、そんなホフマンをあざ笑うかのように、ジュリエッタはゴンドラに乗り運河を遠ざかっていく。

（前掲「宝塚プレシャス＋」より）

恋こがれる明日海ホフマンと、だまし弄ぶ夢咲ジュリエッタ。

ナチュラルなのだ。

明日海といえば、「美しい」「フェアリー（妖精）」と形容される。

もちろん充分過ぎる魅力的要素である。だが本分は、演技力にあるのではないか。『ホフマン物語』は、そう再認識させてくれた。初舞台から6年足らずであそこまでできる役者は、どの劇団やユニットにもそういるものではない。

主演バージョンの千秋楽で、明日海はこう挨拶した。

今回の公演は全部で4パターンあり、終演後は、稽古場に行って、違うパターンをお稽古するというハードな中でしたが、はやりの風邪もひかず千秋楽を迎えることができました。

今日で私はホフマンという役とお別れです。

悩みながらも、向かい合って、愛着をもって演じてきた役なので、開幕前は「今日で最後だ」とさびしいなと思っていましたが、いまは「ありがとう」という気持ちでいっぱいです。

毎日、お忙しい中、見にきていただきました皆さまには、感謝の気持ちでいっぱいです。

（※　適宜、表現を意味が通じるように直しました。以下同）

ここから拍手鳴りやまず、カーテンコールが続く。

1度目のカーテンコールでは、「温かい拍手をありがとうございます」。

筆者は、2度目の挨拶にハートをわしづかみされた。

「本当に、こんな頼りのない私でしたが、本当に皆さん、ありがとうございました」

3度目は、状況適応能力を発揮する。

明日海りお「マヤさん（＝未沙《みさ》のえる）から、ひと言」

未沙のえる「若い人たちの力に負けないよう、頑張ってきました。同じ役なので、私は一番じょうずになっていると思います」

明日海りお「明日からお稽古、がんばります。本当にありがとうございます」

最初の感謝は、満場のお客さまに。

2度目は、多くの上級生を含む月組メンバーに向けられている。しかも「こんな頼りない私」という、ジャストな表現をもって。

3度目は、専科の大先輩に振る。芸達者な未沙のえるだけに、見事なシャレで応える。

そしてもう一度、お客さまに「ありがとうございます」。

こんな心のこもった挨拶されたら、応援せねばならんだろう。

コンビを組んだ相手役の千秋楽での舞台挨拶も記す。


夢咲ねねでございます。

初舞台……、いや初観劇から月組で、初舞台も月組で、組配属も月組で、ずっと月組しか知らなかったんですけど。すごい月組が大好きで、こうして今、月組の舞台に立っているのが幸せです。

『ホフマン物語』のお稽古中に、組替えをお聴きしたんですけど、最後に月組の皆さんと舞台に立てなかったのが心残りですが、この『ホフマン物語』のメンバーで舞台に立てて幸せです。

星組に行っても新たな出逢いがあると思いますし、ここ月組で学んだことを活かし、一生懸命頑張りたいと思います。これからもよろしくお願い申し上げます。

夢咲ねねは、音楽学校の本科進級まで男役だった。従って「はじめに」で記した「すみれ売り」では、明日海りお&望《のぞ》海《み》風《ふう》斗《と》のすぐ前の男役コーナーに立っていた。すみれ売りから1年をかけて、娘役への道を決意したと伝えられる。

星組に異動した翌２００９年に、柚希礼音の相手役として娘役トップに就任。２０１５年に退団するまで、7年間にわたるトップコンビをまっとうした。

２０１０年代を代表する娘役であり、月組生として最後の公演で、音楽学校受験で一緒に踊り、同期で月組に配属された明日海りおと、『ホフマン物語』で共演した。

かなりドラマチック。

夢咲も明日海も、中学生になるまで宝塚歌劇を見たことがなかった。

だからこそ、いわゆる宝塚っぽい芝居から逃れられていたと考えるのは早計すぎるだろうか。

シェイクスピア劇でもダブル

専門チャンネル「タカラヅカ・スカイ・ステージ」の『Ｂｒｉｌｌｉａｎｔ Ｄｒｅａｍｓ』は、ひとりのタカラジェンヌをとりあげて、その魅力や素顔をクローズアップする人気番組。

明日海りおがピックアップされた「ＳＴＡＧＥ編」が放送されたのは、２０１０年9月だった。

事前に視聴者からのアンケートを募り、「印象に残っている役」という設問にもっとも多く寄せられたのは『二人の貴公子』（作演出・小柳奈穂子）のアーサイト役だった。原作はシェイクスピア。最近の研究によって劇作家ジョン・フレッチャーとの共作と認められた作品である。公演ラインナップが発表された折、ビミョーな空気が漂った記憶が残っている。

ダブル主演だった。

ダブルのひとりは、龍真咲《りゅうまさき》。

明日海より2期上の87期。雪組の男役トップスターをつとめた早霧《さぎり》せいなと同期である。東大阪市出身。月組の生え抜き。公称170㎝で、明日海と同様、男役としてはやや小柄に見える。上演時の2009年3月時点では、「いずれかが、月組の男役トップスターになる」と見られていた。その2人がダブル主演で、ステージでがっぷり組む。

お互い、やりにくかっただろうと想像される。

龍は『Young Bloods!!』（2006年）でバウ初主演しており、『二人の貴公子』が3年ぶり2回目の主演作となる。

一方の明日海は、『ホフマン物語』につぐ連続主演となる。しかも、2作とも上級生とのダブル主演。歌劇団が次期スター候補と目していることは明らかだ。

男役としては小柄で美形という類似点があるが、龍と明日海のテイストは異なっている。

	龍真咲	明日海りお
●きょうだい	長女（弟と妹）	ひとりっ子
●動物にたとえると	コアラ	うさぎ
●ぬいぐるみ	モンチッチ	ミッフィー
●クラスでは	やんちゃ坊主	図書委員
●性格	底抜け陽気	思慮深い
●タイプ	オレ様	品ある色香
●トーク	勢いでかっさらう	真心をこめて

この時期、男役スターの若返りが進んでいた。見た目が肝心な舞台芸術だから、若いにこしたことはない。美しければ、ステージも映える。男役トップ就任までの期間も短縮され、歌劇団としては、見目麗しい龍や明日海をなるべく若いうちにその地位につけたかったと想像できる。

「動」の龍と、「静」の明日海。その持ち味は『二人の貴公子』にも反映されていた。演劇ジャーナリストの中本《なかもと》千《ち》晶《あき》による記事が、わかりやすい。

パラモン（龍真咲）は、常にまっすぐ前を向き、心のままに行動する情熱的な男性だ。対するアーサイト（明日海りお）にはパラモンの持つ、迷いなき輝きはない。その代わりに、深い思慮分別があった。

パラモンが太陽ならアーサイトは月。そして、太陽と月がともに天に輝くことは決してできない……というのが、この物語のテーマである。それを象徴するかのように、舞台の背景には太陽と月が描かれている。

従兄弟同士の幼なじみとして育ち、深い絆で結ばれる2人。だが、そんな2人の貴公子が、ともにアテネのエミーリア姫（羽桜《はざくら》しずく）に心惹かれてしまったことから悲劇ははじまる。

（朝日新聞デジタル「ヅカ★ナビ」2009年3月27日付
『太陽の貴公子、月の貴公子　宝塚月組「二人の貴公子」』より）

物語は、軽やかに進みながら、超ヘビー級のクライマックスを迎える。

研究科9年と7年とは思えないほど、主演2人には緊張感がみなぎっていた。2人の持ち味は終幕までつらぬかれた。

明日海が扮したアーサイトは、最終盤に非業の死を遂げる。

先の『Ｂｒｉｌｌｉａｎｔ Ｄｒｅａｍｓ』のインタビューで、

最後、アーサイトが息絶える場面は、お客様のすすり泣いていらっしゃる声も聴こえながら、周りの共演者もボロボロ涙を流し、とても心に残る役、そして場面でした。

観客の反応、共演者の心情まで読みとっている。

爆笑トークでオレ様を貫く

龍真咲について、本章でひとつだけ触れたい。

龍の持ち味が、端的に顕れたステージがあった。

2016年7月のディナーショー『Goodbye Fairy』。宝塚大劇場でのサヨナラ公演直後に開かれた。龍自身による開幕前のアナウンスからして、

開演中のカメラ・ビデオ・携帯電話による撮影・録音、そして号泣・嗚咽は演出上の妨げ、また出演者の集中力の妨げとなりますので、かたくお断りします。

しか〜し。

開演中の拍手・喝采・掛け声・ラブコールは、龍真咲 宝塚生活最後の素晴らしい思い出と

なりますので、お心残りにならないようにお愉しみ下さい。

開幕前にして、メーターは吹っ切れてた。

一期上の憧花《とうか》ゆりの（86期）を特別ゲストに招いたトークでは、さらにぶっとぶ。下級生時代の「全国ツアーうなぎ弁当事件」（詳細はＤＶＤにて）は出色のエピソードである。

アドリブは滅茶苦茶面白く、トークはとどまるところがなく、オレ様を貫いた。

とまれ。『二人の貴公子』で、太陽と月は美しい姫をめぐり剣を交えた。

一方、ステージを離れた月組でも、動と静の男役2人によるトップ就任レースの火ぶたが切って落とされていた。

霧矢大夢は、80期。１９９４年に音楽学校を首席で卒業する。

その実力は誰しもが認めるところだったが、瀬奈《せな》じゅん（78期）の後任として月組トップに就いたのは２００９年12月。じつに15年半もの歳月を要せざるを得なかった。

翌２０１０年４月。霧矢大夢＆蒼乃夕妃《あおのゆき》（星組から組替え。90期）のトップコンビは、人気作で大劇場お披露目を飾った。

小池修一郎《こいけしゅういちろう》の潤色・演出『スカーレット・ピンパーネル』。

２０１７年の星組で３演を数え、各公演のキャストは下記の通り。

	２００８年星組	２０１０年月組	２０１７年星組
●英国貴族パーシー	安蘭《あらん》けい（77期）	霧矢大夢（80期）	紅《くれない》ゆずる（88期）
●女優マルグリット	遠野《とおの》あすか（84期）	蒼乃夕妃（90期）	綺咲愛里《きさきあいり》（96期）
●公安委員ショーヴラン	柚希礼音（85期）	龍真咲（87期） 明日海りお（89期）	礼真琴《れいまこと》（95期）
●同志アントニー	立樹遥《たつきよう》（79期）	青樹泉（85期）	壱城《いちじょう》あずさ（89期）
●同志アンドリュー	涼紫央《すずみしお》（82期）	星条海斗（86期）	天寿光希《てんじゅみつき》（91期）
●ロベスピエール	にしき愛《あい》（72期）	越乃《こしの》リュウ（79期）	七海《ななみ》ひろき（89期）

本公演も、明日海と龍は敵役ショーヴランのダブルキャストとなった。

アリスのスピンアウトで単独初主演

翌２０１１年。明日海は、バウ公演で初めての単独主演をつとめた。

小柳奈穂子・脚本演出『アリスの恋人』。

小柳は、1976年生まれ。東京都出身。慶應義塾大学文学部卒。歌劇団としては、3人目の女性の作・演出家となる。『不思議な国のアリス』をベースとしたオリジナル作で、

地下の不思議の国〝ファンタスマゴリア〟で赤の女王の〝ストーリーテラー〟として働く青年ルイス・キャロルは、現実世界から迷い込んできた女の子アリスとの出会いをきっかけに、夢と現実をめぐる戦いに立ち向かうことになる・・・・。主人公とヒロインが白ウサギやチェシャ猫など、おなじみのキャラクターと繰り広げる冒険と恋の物語を、ポップにスタイリッシュに描く作品です。

（宝塚歌劇団 公式ＨＰから）


この説明では、なにがなんだか解からないと思うが。

練りに練られ、よ〜くできた物語なのである。未見の読者のためにタネ明かしは避けるが、筆者はスタジオ・ジブリの映画『猫の恩返し』を連想した。

そして「巧いなぁ」と嘆息した。

娘役に、である。

愛希《まなき》れいかのバウ初ヒロイン作だった。

福井県の坂井中学出身。１６７㎝。２００９年初舞台の95期。中学3年時に受験し、合格をはたす。

月組バウ・ラブ・アドベンチャー「アリスの恋人」（17〜27日＝兵庫・宝塚バウホール）で、ヒロインを演じる愛希れいかは、娘役転向2作目。8月上演の「アルジェの男」新人公演では転向1作目で初ヒロインを演じ、今回はバウで、再びヒロインを射止めた。主演は月組期待のスター明日海りお。明日海も劇団きっての美形だが、愛希もかつて男役だったとは思えない愛らしさが特長だ。月組の美形コンビで、アリスワールドに挑む。

（ｎｉｋｋａｎｓｐｏｒｔｓ．ｃｏｍ「プレシャス！　宝塚」２０１１年11月17日付）

中学3年で音楽学校入学だから、研究科3年生というとまだ二十歳そこそこ。

しかし、である。

幕開けは、深夜の駅前。

愛希れいか扮するヒロインの編集者アリスは、仕事と恋にやぶれ、酔っ払って登場する。

終電間近。別れ際に女ともだちから「元気だしなさいよ」と、左肩をポンとはたかれ、「うーん、痛いよぉ」。ポツリとこぼすと、場内、プチ爆笑が起きた。

ナチュラルな繰り言だった。

都会の雑踏を眺めながら、

「世界中の何十億人もの人の中で、私のことを必要としてくれる人は一人もいないのかな？」

いかにもという台詞だが、唐突感はまったくない。ここにこれぞ孤独というたたずまいの青年ルイス・キャロル（明日海りお）の「♪ 誰かぁ、誰かぁ、助けて～」という悲愴感ただよう歌声が重なる。

序幕の幕切れは、アリスものでおなじみ「穴」。あわれマンホールに落ちるのだが、「あ、あ、あ～」と腕をぐるぐる回して、身体をのけぞらせる仕草もサマになっていた。

これまで見たことがなかった娘役だった。

以降、明日海キャロル＆愛希アリスの迷コンビは、ケンカしたり和解したり。不思議ワールドに迷いこんだ理由を知り、じつにキケンな決断を下し、フィナーレまで疾走する。パラレルな二重構造の世界、しかも

かなり難解でやや無理筋なテーマを正確に理解して、ルイス・キャロルとアリスの心情を正確にアウトプットしていた。

『アリスの恋人』について、もうひとり触れておきたい娘役がいる。

愛風《あいかぜ》ゆめ。

赤の女王を演じた。

茨城県ひたちなか市出身で私立茨城中学卒。愛希れいかより1学年上級の94期。卒業時の成績は、全体2番。首席が誰だったのかは、後の章で触れる。

2011年には『バラの王子』で新人公演ヒロインに扮するが、2013年に退団している。

巧い。芸達者というとスケールが小さく聞こえるかも知れないが、あらゆるジャンルで通じる基礎ができている。ブレもない。呼吸も乱れない。

原作と同じように、赤の女王はことあるごとに「首をはねよ」と怒鳴り散らすが、「その正体は？」が本作最大のミソである。正体が明かされてからの演技には、スゴ味さえ感じた。

ネット掲載のインタビューでは、中学時代は走り幅跳びで全国大会に出場した陸上選手だったと語っている（サイト「ＮＡＨＬＳ」インタビュー　2017年　ＭＡＲ）。走り幅跳びは、筋力・バランス・跳躍力などが求められる。高い身体能力を備えた娘役だったことが推察される。

こうして見ると。

●89期　明日海りお（静岡県静岡市）中学3年で初観劇。小学1年で個人メドレーを泳ぐ
●89期　夢咲ねね（富山県富山市）中学2年で初観劇。高校1年時、2回目の受験で合格
●94期　愛風ゆめ（茨城県ひたちなか市）走り幅跳びで全国大会出場
●95期　愛希れいか（福井県坂井市）小学1年で初観劇。週7日、バレエのレッスン

かなりの演技力を持った実力派が、続々と成長している。それも、タカラジェンヌ未開地（ほぼ未開？）から。初舞台からそれほどの歳月を要せず、相当レベルの演技を披露している。

20世紀には、娘役は「楚々として、控えめで」がキーワードだった。

カッコいい娘役はいた。だが少なかった。男役トップ麻路《あさじ》さきを相手に堂々とコンビを組んだ白城《しらき》あやか（74期）や屈指のダンサー風花舞《かざはなまい》（76期）の例もあるが、少数派だった。

世間が抱く王道は、黒木瞳《くろきひとみ》（67期）であり、麻乃佳世《あさのかよ》（74期）や檀《だん》れい（78期）であった。

だが明日海りおのバウ公演だけを見ても、「楚々として」「控えめ」とはかけ離れた若手娘役がステージで見事な花を咲かせている。

大御所や実力記者にも

専門誌『ミュージカル』の3・4月号では、前年のミュージカルのベストテンが発表される。評論家・記者によるアンケート集計をもとに決定され、作品部門では1位（10点）から10位（1点）までを選び、合計点によって順位が決まる。

2011年のベストワンは、城田優《しろたゆう》・山崎育三郎《やまざきいくさぶろう》が主演した東宝版『ロミオとジュリエット』。東宝版より半年前に幕をあけた宝塚版『ロミオとジュリエット』も、5位にランクされた。音月桂《おとづきけい》主演の雪組公演である。

23人の投票による順位づけなので、たったひとりが1点をつけても、45位にランクされる。そもそも選者の好みで順位も変動するのだが。

2011年の新作ミュージカルの中で、宝塚歌劇は11作品がランクインした。

● 5位　雪組『ロミオとジュリエット』（音月桂）　94点・13人
● 18位　宙組『クラシコ・イタリアーノ』（大空祐飛）　18点・5人
● 20位　雪組『ニジンスキー』（早霧せいな）＊　16点・4人
● 25位　月組『バラの国の王子』（霧矢大夢）　13点・2人

●25位　雪組『メイちゃんの執事』（紅ゆずる）＊　13点・2人
●28位　月組『アリスの恋人』（明日海りお）＊　12点・3人
●28位　雪組『仮面の男』（音月桂）　12点・2人
●37位　花組『愛のプレリュード』（真飛聖）　6点・1人
●38位　宙組『美しき生涯』（大空祐飛）　5点・1人
●38位　月組『Ｄａｎｃｅ Ｒｏｍａｎｅｓｑｕｅ』（霧矢大夢）　5点・2人
●45位　月組『Ｏｎｅ』（霧矢大夢）　1点・1人

大劇場公演にまじって、バウ公演（＊印）が3作ランクインされている。

6位（5点）で投票したのは、3人。『アリスの恋人』に投票したのは、ミュージカル評論の草分けの小藤田千栄子《こうだちえこ》（1939〜2018年）。早稲田大学文学部卒。宝塚歌劇をこよなく愛しており、その中から選んで投票しているわけだから、『アリスの恋人』をいかに評価していたかがわかる。

7位（4点）での投票は、水落潔《みずおちきよし》（1936年〜）。早稲田大学で演劇学を修め、毎日新聞記者として健筆をふるった。古典芸能からミュージカルまで幅広いジャンルに精通している。

8位（3点）に選んだのは、朝日新聞ＯＢの扇田昭彦《せんだあきひこ》（1940〜2015年）。東京大学文学部卒で、晩年は静岡文化芸術大学教授をつとめた。戦後演劇評論の第一人者であり、この年に投票した宝塚歌劇は、『ロミオとジュリエット』『アリスの恋人』の2作だけだった。

大御所・実力記者3人のお墨付きである『アリスの恋人』では、もうひとりの男役スター候補生がそれなりの役づきで存在感を発揮した。狂言回しのマーチ・ラビットに、珠城《たまき》りょう（94期。愛知県蒲郡市出身）が配された。

5年後、狂言回しのラビットとヒロインのアリスは、運命的な再会をはたす。

異例の人事に周囲は

霧矢大夢の後継は、87期の龍真咲か、89期の明日海りおか？

明日海りおの評価は、『アリスの恋人』でなお一層高まったとは感じていた。難解な物語世界、まったくのオリジナル、ヒロインの娘役との絶妙な掛け合い。

一方の龍も、2009年の『エリザベート』で暗殺者ルキーニ役に起用された。「ルキーニの法則」と呼ばれるセオリーに従えば、ルキーニ経験者でトップにならなかった男役はいない。準主役である皇帝フランツ・ヨーゼフの場合は、トップに手が届かず退団というケースがままあった。

2010年には、バウ公演『HAMLET!!』で単独初主演をはたす。龍の代表作のひとつといっていいだろう。翌2011年には、初めてのディナーショーを開催した。

翌2012年のバレンタイン・デー。


宝塚歌劇団は14日、月組次期トップスターが龍真咲に決まったと発表した。現在のトップスター霧矢大夢が4月22日で退団するのに伴うもの。霧矢と同日に退団するトップ娘役・蒼乃夕妃の後任は愛希れいか、準トップスターは明日海りお。新体制で迎える公演は、6月22日初日の宝塚大劇場公演「ロミオとジュリエット」からとなる。

（「Sponichi Annex」2012年2月15日付）


「準トップ」。なんやそれ？

龍ファンも、明日海ファンも、月組ファンも、そうでないファンも、みんな突っこんだ。

唐突だった。

トドメを刺すように『ロミオとジュリエット』は、

2010年7月に星組により日本初上演。素晴らしい楽曲と史上最高のラブストーリーで連日劇場を感動に包み、2011年1月には雪組で再演、絶賛を博しました。皆様からの再演の声に応えて、今回は新生月組による公演をお楽しみ頂きます。

尚、本公演は、主役のロミオ役及びティボルト役を、龍真咲と明日海りおによる役替わり公演となります。

（公式ＨＰ　公演案内より）


トップとは、てっぺんの意味だ。

てっぺんは、ひとつしかない。

『ロミオとジュリエット』において最高峰の役どころは、ロミオだ。そのロミオを、トップと準トップがダブルキャストで演じる。

龍真咲としたら「なんで？」だろう。晴れの男役トップお披露目公演で、２番手の敵役ティボルトに扮する日もある。

明日海りおにしても、やりにくいこと甚だしい。

この準トップ体制は、とにかく不思議だ。得するところが、なにひとつないのである。

誰しもが、いや〜な気持ちを抱く新制度だった。

明日海りおが堂々２番手になったのなら、ファンも心おきなく応援・観劇できただろう。

しかし準トップという曖昧な肩書が与えられたため、胸にビミョーなつかえが残ってしまった。

そんな重苦しい空気は、まったく違った形で払拭された。

第5章

若き日の代表傑作は三島文芸ロマン

文豪は自殺さえ考えていた

２０１２年春の男役トップスターは、こんな陣容だった。

●花組　蘭寿《らんじゅ》とむ（82期）２０１１年４月〜
●月組　龍真咲《りゅうまさき》（87期）２０１２年４月〜
●雪組　音月桂《おとづきけい》（84期）２０１０年９月〜
●星組　柚希礼音《ゆずきれおん》（85期）２００９年４月〜
●宙組　大空祐飛《おおぞらゆうひ》（78期）２００９年７月〜

明日海りおの主演作が、２０１２年10月11日に初日を迎えた。

原作は、三島由紀夫の同名小説『春の雪』。

どんな小説であるか？

三島と親交が厚かった文芸評論家の村松剛（１９２９〜１９９４年）が、簡潔にして明瞭な解説を残している。著書『西欧との対決─漱石から三島、遠藤まで』（新潮社・１９９４年）から。

過去に実際に起こったらしい皇族の許婚との恋に、創作にあたって三島は自分の初恋の失敗を重ねあわせた。許婚と同様の状態にあった美少女を「逡巡」の結果失ったときに、三島は自殺をさえ本気で考えていた。「失恋」の苦い思いは爾後十数年にわたって彼を苦しめ、その創作活動の起爆剤ともなっていたのである。

三島文学の中では、どんな系譜に連なるのか？

三島がその作品を通じて、いかに失われたものへの復讐を企て（『盗賊』、『夜の支度』、『頭文字』、『純白の夜』、『禁色』等）、次にはいかに自分を変えて「他者」としようとしたか（『仮面の告白』、『愛の渇き』、『沈める瀧』等）は、拙書『三島由紀夫の世界』で詳述したのでここではくりかえさない。初恋のひとへの痛々しいほどに一途な想いは、尼寺にこもった綾倉聡子への松枝清顕のひたすらな慕情に、鮮かに投影されている。（中略）

――あれは私小説なんだよ。

連載のおわりに近いころ、三島がぽつりというのをきいたことがある。たしかにここには、彼の青春が凝縮されている。文章は美しく、明治いらいの小説の中でもぬきん出て魅力的な香気を、『春の雪』は放っているのである。

性と禁忌

観劇するなり、「まがうかたなき、明日海りおの代表作」と直感した。

主演作として、どこが優れているのか？

明日海の美しさが、際立っていることが挙げられる。

その美しさも単純に華やかというだけではない。

男役としてやや小柄な明日海は「フェアリー（妖精）タイプ」と評されることがある。過去の男役スターでいえば、涼風真世《すずかぜまよ》（67期）や朝海《あさみ》ひかる（77期）に通じる魅力もある。しかし、こと主人公の松枝清顕については、妖精が抜け出てきたような（って、妖精見たことありませんが）涼風や、あまりに愛くるしい朝海が扮してぴったりくるとは思えない。

ブラックなのである。なまめかしいのである。

性と禁忌。

ともに三島文学の根幹をなす要素である。

『春の雪』では、主人公・清顕とヒロイン聡子が契りを結んでしまったことが分水嶺《ぶんすいれい》となる。宝塚歌劇としては、珍しい。愛し合って、思わずひと夜を、というケースならば、宝塚歌劇のコードにも収まる。しかし清顕の場合は、思いっきりコードを破っている。

さらに、禁忌。タブー。悲劇の源は、聡子が皇族と婚約したからである。宝塚歌劇版では、それほど誇張もせずまたスルーもしていないが、先の村松氏の著作によれば、

「そもそも勅許の降りた宮家の許婚を犯すなどという事件は（皇族の婚約は明治二年十月以降、勅命なしにはできなくなっていた）、そんなに「ありそうな話」ではない」

皇族ならびにその婚約者を貶めるというだけでなく、天皇陛下にそむく背信なのである。

明日海扮する松枝清顕は、自ら苦境に落ち、この先の展望が見えなくなるほど輝きを増す。神々しいくらいに。俳優としての一種の才能であろう。

物語の冒頭、清顕の父である松枝侯爵（輝月《きづき》ゆうま）は、ひとりごちる。

「実に見事に清顕は、私の夢を叶えてくれた。これ

で我が家は、本物の優雅を得たのだ。だが、美しすぎるのだ、清顕は。まるで桜のように。美しさの果てに、はかなく散りゆきそうだ」。

配役は、下記の通り。

●明日海りお（89期）松枝清顕（侯爵の嫡男。学習院高等科）
●咲妃《さきひ》みゆ（96期）綾倉聡子（伯爵家令嬢。清顕の2歳年上で、姉弟のように幼少期を過ごす）
●珠城《たまき》りょう（94期）本多繁邦（東京帝国大学を目指す清顕の学友。判事の息子）
●宇月颯《うづきはやて》（90期）飯沼茂之（松枝家の書生。皇室に並外れた尊敬の念を抱いている）
●鳳月杏《ほうづきあん》（92期）洞院宮治典（皇族。帝劇で聡子を見初め、婚約する）

出身地は、順に、静岡県静岡市、宮崎県高鍋町、愛知県蒲郡市、埼玉県深谷市、千葉県船橋市。
ユニットの組長格は、美穂圭子《みほけいこ》（75期。大阪府茨木市）。聡子に仕える綾倉家の女中・蓼科に扮した。聡子の秘密を覆い隠しながら清顕とも内通する役どころで、強烈な印象を残した。連綿と受け継がれる宝塚歌劇らしい芝居とも感じた。

聡子は清顕の2歳年上。

回想シーンでは、なんでもソツなくできてしまう聡子に、幼い清顕がブンむくれてしまう場面が紹介される。成長してからも、聡子はおどろくほど落ち着いた令嬢として終始描かれる。ヒロインを演じた咲妃は、2010年が初舞台。この時点では、まだ研究科3年生。見事、抜擢に応えたと評価できる舞台となった。

咲妃を相手に、明日海りおは2歳年下という設定を正確に頭にいれていた。

松枝家は、明治維新の武勲によって華族にとりたてられた新華族。西郷隆盛の弟である西郷従道がモデルと言われている。もとを正せば、薩摩の武士だ。

一方の綾倉家は、代々続く公家の家柄。

主人公の清顕は、幾つもの顔をのぞかせる。

侯爵家の嫡男として気品があり、しかし荒々しい気性は隠せず、聡子に向かって「ワン・ノブ・ゼム(その他おおぜいの一人に過ぎない)」と手紙を送ったものの、ビビってしまい「手紙は破り捨ててちょーだい」と電話しちゃったりする。

扱いにくい。

清顕のストレートな物言いと身のこなしは、「大正時代の華族、かくありき」(見たことないけど)と思わせる説得力があった。

脚本・演出は、生田大和《いくたひろかず》。

羽衣国際大学でメディア論の教鞭をとる永岡俊哉《ながおかとしや》・准教授は、『宝塚イズム38』で『春の雪』については代表作と認めつつ、

当時、月組の準トップスターという位置づけだった明日海りおを主演に、複雑な恋愛感情を繊細に描いた。私はこの手の救いようのない恋愛物が大の苦手で、観るのが本当につらかったが、女性からは大好評で、明日海も咲妃みゆもこれで押しも押されもしない看板役者になった。難しい三島作品を舞台化する手腕、そもそも明日海と三島作品が合うことを見抜いていた生田の眼力がすばらしいというほかない。

（「男性作家としてこまやかな作品を世に送る生田大和」）


「難しい三島作品」という表現については、長編であり、様々なレトリックが散りばめられ、舞台化はすんなり行かないという意味の他に、三島由紀夫についての評価があったと思われる。

1970年（昭和45年）とはいえ、自衛隊駐屯地に立てこもって自決するという大事件を起こしたということ。さらに『春の雪』が、皇室にまつわるスキャンダルを描いていること。

どんな困難があったかどうかは定かではないが、『春の雪』歌劇化を希求した生田も、実現させた

歌劇団も、先見の明あり。明日海りおの代表作を、歌劇史に刻むことができた。

『春の雪』が千秋楽を迎え、次は月組の大劇場正月公演『ベルサイユのばら』。

もう驚きはない。

ダブルキャストとなった。しかもオスカルとアンドレ。

ここまで徹底されていると、人智を超えたパワーを感じざるを得ない。

オスカルとアンドレは、龍真咲と明日海りおの役替わり。

さらに2013年1月7日～10日まではアンドレ役を花組トップ蘭寿とむがつとめ、1月11日～13日まではアンドレ役を雪組トップの壮一帆《そうかずほ》がつとめる特別出演バージョンとなった。この1月7日～13日まで、明日海りおは新聞記者ベルナールに扮する。

新聞記者ベルナールには美弥《みや》るりかが配されていたが、特別出演期間はジェローデルに。

ジェローデル役の珠城りょうは、アルマン役にスライド。

アルマン役の宇月颯は、シャロン役に。

こんな具合に1月7日～13日の1週間は、中堅若手男役が次から次へとスライド登板を余儀なくされた。

観劇する方としては「もう勘弁して下さい」という心持ちなる。普通の月組ユニットの「ベルばら」

が見たいだけです。実際、この「ベルばら」はまったく記憶に残っていない。

風雲急を告げる組替え

２０１３年正月の月組公演『ベルサイユのばら』初日を目前に控えた２０１２年12月25日。大がかりな人事が発表された。

憧花《とうか》ゆりの　（月組）　２０１３年３月25日付で、月組の副組長に就任
明日海りお　（月組）　２０１３年３月25日付で、花組に組替え
沙央《さおう》くらま　（雪組）　２０１３年３月１日付で、月組に組替え
凪七瑠海《なぎなるうみ》　（宙組）　２０１３年１月29日付で、月組に組替え

新人公演初主演の適齢期のころから、89期の男役人生は風雲急を告げていた。

まずは凪七瑠海である。

宙組に配属された凪七は、２００８年の『黎明の風』と『Ｐａｒａｄｉｓｅ Ｐｒｉｎｃｅ』の新人公演で2作連続して蘭寿とむの役どころを任される。

２００９年2月には中日劇場『外伝ベルサイユのばら―アンドレ編』では、早霧《さぎり》せいなとのダブルキャストでオスカルに抜擢。

同じ年の5月には、驚天動地のプランが実現した。

月組『エリザベート』に、エリザベート役で特別出演をはたしたのである。

過去、エリザベート役を配された男役は、２００５月組公演の瀬奈《せな》じゅんだけ。78期の瀬奈は１９９２年に初舞台を踏んでいるので、14年目のヒロイン役だった。

凪七はといえば、研究科7年目での大抜擢であり、本籍は宙組のまま。

異例のキャスティングとなった。

同じ年の11月、凪七は宙組『カサブランカ』で大空祐飛の本役リック役に扮して新人公演初主演をはたす。オスカルさまにシシィ、そして「キミの瞳に乾杯！」と、凪七瑠海にとって快進撃の２００９年となった。

翌２０１０年。３月には、原田諒・作演出の『Ｊｅ Ｃｈａｎｔｅ（ジュ シャント）―終わりなき喝采―』でバウ初主演をはたす。

ヒロインは、88期の花影《はなかげ》アリス。音楽学校時代から花總《はなふさ》まり（77期）に似ていると評判で、宙組では4度の新人公演ヒロインに抜擢される。しかしめぐりあわせというか、娘役トップには縁遠く、次の大劇場公演『ＴＲＡＦＡＬＧＡＲ ―ネルソン、その愛と奇跡―』『ファンキー・サンシャイン』で歌劇団を退団した。

2010年の年末、宙組大劇場公演は文豪ヘミングウェイの名作『誰がために鐘は鳴る』（脚本・柴《しば》田《た》侑宏《ゆきひろ》／演出・木《き》村《むら》信司《しんじ》）で飾られた。当時の宙組は、

●男役トップスター　大空祐飛（79期）東京都世田谷区（田園調布雙葉中）１７０cm
●娘役トップスター　野々すみ花（91期）京都府久御山町　１６１cm
●2番手　蘭寿とむ（82期）兵庫県西宮市　１７０cm
●バイプレイヤー　悠未《ゆうみ》ひろ（83期）東京都文京区　１７９cm
●中堅演技派　十輝《とき》いりす（85期）東京都新宿区　１７８cm
北翔海莉《ほくしょうかいり》（84期）千葉県松戸市　１６９・４cm
●中堅スター　春風弥里《はるかぜみさと》（88期）愛知県東海市　１７３cm
鳳翔大《ほうしょうだい》（88期）兵庫県西宮市　１７５cm
蓮水《はすみ》ゆうや（88期）神奈川県横浜市　１７４cm
凪七瑠海（89期）東京都世田谷区（田園調布雙葉高）１７０cm
七海《ななみ》ひろき（89期）茨城県水戸市　１７３cm

●若手スター

澄輝《すみき》さやと　（91期）兵庫県神戸市　173cm
愛月《あいづき》ひかる　（93期）千葉県市川市　173cm
蒼羽《そらはね》りく　（93期）東京都府中市　173cm
桜木《さくらぎ》みなと　（95期）神奈川県横浜市　170cm

どうです、この身長。

みなさん、がっしりしている。実が詰まっているというか、筋トレで鍛えたというか。

こんな中にポーンと放りこまれ、華奢で柔らかな凪七瑠海は存在感を押し出しにくかったのかと思わざるを得ない。

そっくりな男役もいた。

大空祐飛である。

出身地（校）も身長もまったく同じ。都会的で、明るくて、折れてしまいそうだけど、芯は強そうで。

ただひとつ、大空と凪七で異なっていた点がある。

大空は入団時の成績は、28番。

2期下には三拍子そろった首席入団の霧矢大夢《きりやひろむ》が控え、3期下には「天海2世」と称された大和悠河《やまとゆうが》が大役に抜擢され、新人公演では2番手役が多かった。1992～2007年の長い月組時代をへて、花組に1年余り在籍。先にトップスターに就任していた大和悠河の後継として、２００９年8月に宙組トップスターに就任した。

もともとダンスや歌唱がずば抜けているタイプではないが、トップ就任までに培った演技力は大空にとって心強い武器になった。だからこそ『カサブランカ』は、ダンディズムの極北といえるほどカッコ良かった。『誰がために鐘は鳴る』でも、哀愁を背中で表現してくれた。

苦労のあるなしは、当人の責任ではない。だからいかんともしがたいのだが、凪七瑠海は、首席で宙組に配属され、新人公演、バウ公演はおろか他の組への特別出演で大劇場でのヒロインまで経験した。これだけのハードスケジュールで、男役の深みを追求したり、公演以外の研鑽を重ねるのは、物理的にも精神的にも不可能だっただろう。

歴史に「もし」はないが、月組『エリザベート』への大抜擢がなかったら？

宙組に腰を据えて、10期上の大空祐飛を手本に男役として研鑽を重ねていたら？

歴史のいたずらさえ感じる。

エリザベート役に、もし月組の男役が抜擢されたとしたら？　最有力候補は、明日海りおだっただろう。そうなっていたら、明日海もまったく違った宝塚人生を送っていたことになる。

３年後の２０１３年。凪七瑠海は、月組に異動した。

凪七と入れ替わるように、明日海りおは花組に異動した。

屈指のダンサーが月組に

美弥《みや》るりかの入団時成績は、全体4番。男役では3番。

東京都北区の桜丘女子高校1年時に宝塚音楽学校に合格している。「波瀾爆笑!? 我が人生」では、中学3年間はバレエ漬けの毎日で、夏休みには短期でフランス留学したと記されている。89期男役では、屈指のダンサーといっていいだろう。

配属は、星組。

アダルトな雰囲気が漂い、コスチュームプレイが似合うので、妥当な配属だったという印象だ。『宝塚イズム　39』で映像学修士の岩本拓は、星組時代をこう総括する。

二〇〇三年に八十九期生として舞台を踏んだ美弥は星組に配属され、恵まれた容姿としなやかな肢体を駆使したダンスなどを武器にファンを魅了した。しかし星組では順風満帆とはいえず、新人公演主役を手にしたのは最後のチャンスだった『ハプスブルクの宝剣──魂に宿る光』でのことだった。〇八年には『Anna・Karenina《アンナ・カレーニナ》』のアレクセイ・カレーニン役を射止めていて、勢いそのままにようやくスターダムの入り口に立ったかと思いきや、破竹の勢いで番手を駆けあがっていた下級生の真風涼帆が台頭してきていた。

真風涼帆《まかぜすずほ》は、美弥の3期下の92期。熊本県菊池郡出身で、濃い顔立ちの175㎝。美弥の1期上には、88期の紅《くれない》ゆずるがいた。典型的な関西ノリでとにかく底抜けに明るく、こちらは173㎝。

当時の星組トップスターは、柚希礼音(85期)。

いかにもプロフェッショナルという柚希と、陽気な紅ゆずる、そして寡黙な真風涼帆というトリオは絶妙のトライアングルだった。柚希礼音トップ時代の星組は、ダイナミック&スピーディが信条だった。その点で、妖艶なムードをかもしだす耽美派の美弥るりかはキャスティングにおいて不利な立場にあったといえるかも知れない。

美弥るりかは、丸9年の星組在籍をへて2012年4月1日付で月組に組替えとなる。

89期の男役スター候補の中で、ひと足早い異動だった。

月組への組替えは、美弥にとって躍進の機会になった。先に掲げた岩本氏の文章に明解かつ緻密にまとめられているので、しばらく引用させていただく。

　二〇一二年に当時の月組トップスターに龍真咲が就任するとともに、同組へ組替えになった。当時は準トップとして明日海りおがいて、三番手という扱いではあったが、組替え早々にフィナーレの銀橋ソロが与えられるなど、環境が一気に変化した。(中略)同年には全国ツアー『愛するには短すぎる』で二番手役のアンソニー・ランドルフを務めるほか、ショー『Ｈｅａｔ ｏｎ Ｂｅａｔ！』で小さいながらも羽根を背負うなど、これからの将来が約束されたように見えた。


２０１２年10月。

月組は、龍真咲を中心にする全国ツアー組と、明日海りおを中心にするバウ公演組に分かれた。

全国ツアー『愛するには短すぎる』『Ｈｅａｔ ｏｎ Ｂｅａｔ！』は、龍真咲&愛希《まなき》れいかのトップコンビに加えて、星条海《せいじょうかい》斗《と》（86期）、光月《こうづき》るう（88期）、美弥るりか（89期）、紫門《しもん》ゆりや（91期）などが帯同した。

前章でも記した通り、バウホール公演『春の雪』には、明日海りお&咲妃みゆの主演コンビに、珠城りょう（94期）、宇月颯（90期）、鳳月杏（92期）ほかが加わった。


月組人事がどうなったかは、後の章にて。

本章の最後に、もうひとりの89期男役スター候補生について振り返ってみる。

花組は競争が厳しい

明日海りおが花組に異動する直前の2013年2月。

花組は、ヒットメーカー小池修一郎の『オーシャンズ11』を再演していた。

2011年星組初演、2013年花組再演、2019年宙組3演のキャストを掲げる。

		ダニー	テス	ラスティー	ベネディクト	ライナス	ボフ
2011年	星組	柚希礼音	夢咲ねね	涼紫央	紅ゆずる	真彩涼帆	芹香斗亜《せりかとあ》
2013年	花組	蘭寿とむ	蘭乃《らんの》はな	北翔海莉	望海風斗《のぞみふうと》	芹香斗亜	真輝《まき》いづみ
2019年	宙組	真風涼帆	星風《ほしかぜ》まどか	芹香斗亜	桜木《さくらぎ》みなと	和希《かずき》そら	希峰《きほう》かなた

見せ場が多いのは、主人公ダニーの相棒ラスティーだ。星組では涼紫央、花組では北翔海莉が扮し、宙組では2番手格の芹香斗亜がつとめている。なお芹香は皆出演を続けている。

スター性を求められるのは、カジノとホテルを経営するベネディクト。正真正銘の敵役で、強くて憎らしいほどフィナーレにカタルシスが爆発する。星組では紅ゆずる、花組でキャスティングされたのが望海風斗だった。

望海が新人公演で初主演を飾ったのは、２００９年１月。『太王四神記』だった。同年９月にも『外伝ベルサイユのばら―アンドレ編』新人公演で連続主演をはたしている。

単行本『波瀾爆笑!?　我が人生Ⅱ』（宝塚クリエイティブアーツ　２０１６年３月）にて、望海はプロフィール欄でこう紹介されている。

三拍子揃った実力派で、中でも歌に定評がある。競争の厳しい花組男役陣ゆえに、新人公演は最終学年の『太王四神記』と『外伝ベルサイユのばら』まで待ったが、そこできっちり成果を残し、スター候補生に名を連ねた。（傍点筆者）

新人公演主演の声がかかりはじめる２００８年の花組の男役を、大劇場公演『愛と死のアラビア』の配役をもとに記す。

●男役トップスター　真飛聖（81期）神奈川県川崎市
●娘役トップスター　桜乃彩音《さくらのあやね》（88期）岡山県津山市
●２番手　大空祐飛（78期）東京都世田谷区　宙組トップに

●中堅スター

壮一帆《そうかずほ》（82期）兵庫県川西市　雪組トップに
愛音羽麗《あいねはれい》（83期）大阪府豊中市　新公・バウ主演経験者
華形《はながた》ひかる（85期）東京都中野区　新公・バウ主演経験者
真野《まの》すがた（85期）神奈川県横須賀市　新公・バウ主演経験者

●若手スター

朝夏《あさか》まなと（88期）佐賀県佐賀市　宙組トップに
望海風斗（89期）神奈川県横浜市　雪組トップに

しかし、最上級生の大空祐飛と望海風斗の学年差は、11期。その中に、後に男役トップに就任する生徒が4人も控えている。

つかえている。「渋滞している」というのが率直な感想だ。

先に掲げた2013年花組『オーシャンズ11』の配役を見ていただきたい。わずか5年で、花組の男役メンバーは一新されている。

2013年の『オーシャンズ11』再演当時、ベネディクト役に抜擢された望海風斗は、次期花組トップスターの有力候補のひとりだった。そこに同期の明日海りおが組替えしてきた。成績2番が次期トップ候補になりつつあるところに、他の組で準トップだった成績8番がやってきた。

明日海りお組替え直後の花組大劇場公演は、2013年8月の『愛と革命の詩—アンドレア・シェニエ—』『Mr・Swing!』。ポスターのセンターは、男前の蘭寿とむ。ポスター下手には、横顔が美しい蘭乃はな。ポスター上手には眼光鋭く、前髪をはらりと垂らした明日海りお。

歌劇団お墨付きの2番手として、花組のステージに立つことになった。

望海については、後の章で考察をかさねる。

次章では、組替えしてからトップ就任までの明日海りおについて考える。

第6章

ベルばら、エリザ、ワイルド、そして大石静

組替えでの3つの幸運

花組の歴代男役トップを列挙する。

- 大浦《おおうら》みずき（1987年～1991年／3年11か月）60期　雪組→星組→花組
- 安寿《あんじゅ》ミラ（1991年～1995年／3年6か月）66期　花組
- 真矢《まや》みき（1995年～1998年／3年5か月）67期　花組
- 愛華《あいか》みれ（1998年～2001年／3年1か月）71期　花組
- 匠《たくみ》ひびき（2001年～2002年／7か月）73期　花組→専科→花組
- 春野寿美礼《はるのすみれ》（2002年～2007年／5年6か月）77期　花組
- 真飛聖《まとぶせい》（2007年～2011年／3年4か月）81期　星組→花組
- 蘭寿《らんじゅ》とむ（2011年～2014年／3年1か月）82期　花組→宙組→花組
- 明日海《あすみ》りお（2014年～2019年／5年6か月）89期　月組→花組

蘭寿とむのトップ就任は、あわただしかった。

1996年初舞台後に花組に配属。そのままトップの道をまっしぐらと思われたが、2006年に宙組に組替えになる。

再び花組に戻ったのは２０１１年で、組替えと同時に即トップ就任となった。

花組を離れること5年間であったが、入団時から首席に君臨し続けた実力と安定感で、華やかでダイナミックな花組づくりに大いに貢献した。


花組への組替えから約1年の間に、明日海は4つのステージをつとめあげる。

２０１３年6月　『戦国ＢＡＳＡＲＡ―真田幸村編』（東急シアターオーブ）
２０１３年8月　『愛と革命の詩―アンドレア・シェニエ』『Ｍｒ・Ｓｗｉｎｇ！』（宝塚大劇場）
２０１３年11月　ディナーショー『ＡＳＵＭＩＣ ＡＤＶＡＮＣＥ』（宝塚ホテル）
２０１４年2月　『ラスト・タイクーン―ハリウッドの帝王、不滅の愛』『ＴＡＫＡＲＡＺＵＫＡ ∞ 夢眩』（宝塚大劇場）

明日海りおにとって、幸運が三つ重なった。

まずひとつは、トップが蘭寿とむという稀代の実力派スターだったこと。

歌よし、演技よし、ダンスよし。7期も上級生。

もともと花組で育ったから、花組の神髄について身をもってステージで表すことができた。

ふたつ目は、明日海のトップ就任まで1年余の猶予があったこと。落下傘で花組に降り立つなりすぐにトップ就任では、組子の信頼もファンの期待も勝ち得ない。明日海自身、精神的余裕も持てなかっただろう。

三つ目は、同期の絆だ。

肝胆相照《かんたんあいて》らす仲だった望海風斗《のぞみふうと》と、同じ組で過ごすことができた。第三者があれこれ推測することは憚《はばか》られるだろうが、すみれ寮で同室だった明日海と望海とはわかちがたい絆で結ばれていただろう。

パーソナル・ブック『FUTO NOZOMI』(2015年4月・宝塚クリエイティブアーツ)のインタビューで、望海風斗はこう語っている。


あの(『戦国BASARA』の)公演から明日海が花組に来ましたが、しばらく同期生がいなかったので、同期がいると楽しいなって。口数が増えましたね(笑)。同期っているだけでなんでも受け止めてくれるんだなって改めて思いましたし、舞台を見ているだけで刺激になりました。

望海には余人をもって代えがたい器の大きさを感じる。

新選組でいったら、局長の近藤勇。しかも常に前向き。泰然自若《たいぜんじじゃく》とした線の太さが、のちのブレイクに結びつく。

こちらを立てれば、あちらが立たず

よその組から男役スターが組替えになり、その後の序列を左右する。
花組では過去にもこんなケースがあった。
真飛聖である。
星組ひと筋に歩んできた真飛は、２００５年に花組に異動となる。

●男役トップスター　春野寿美礼　（77期）
●２番手　彩吹真央《あやぶきまお》　（80期）
●中堅スター　真飛聖　（81期）
蘭寿とむ　（82期）

彩吹は折り目正しい演技派で、2007年のシアター・ドラマシティ公演『シルバー・ローズ・クロニクル』(作演出・小柳奈穂子)でのオタク青年が絶賛された。歌唱力にも定評があり、2006年の『ファントム』では元支配人キャリエールに扮している。花組ファンから好感をもって支持されていた。

真飛の組替えによって、翌2006年に配属先だった雪組に再異動となる。そしてトップスター就任はかなわず、2010年に惜しまれつつ退団した。

当時、「可哀想だ」「もったいない」という声にあふれていたことを思い出す。「歌劇団、許せない」と声を大にするファンもいた。

ただし「こちらを立てれば、あちらが立たず」は、人事の要諦。

どうやっても文句がやまないのが、人事である。

2014年5月11日。

蘭寿とむは、東京宝塚劇場公演の千秋楽をもって退団する。舞台挨拶では、

人生をかけた夢、宝塚。すべてをかけて歩んだ道、愉しいことがいっぱいありました。でも時に暗闇で前が見えなくて、それでも一歩ずつ確実に歩き、ひと筋の光が差してきた時の喜び。

悩み、傷つき、苦しんだ思いは、私の中のもろさを強さに変えてくれました。いま振り返ると、いとおしい時間です。

おおよそ「傷つき」「もろさ」という表現からは遠いと思われた蘭寿にして、こんな挨拶を残した。初舞台は１９９６年。18年間の男役人生をまっとうした。

トップお披露目はフェルゼンさま

明日海りおが、花組トップスターに就任した。初舞台から、11年。天海祐希《あまみゆうき》の7年、柚希礼音《ゆずきれおん》の10年には及ばないが、当時としてはかなり早いトップ就任だった。

娘役トップは、蘭寿とむの相手役だった蘭乃《らんの》はなが引き続きつとめた。トップお披露目は、名古屋・中日劇場での『ベルサイユのばら―フェルゼンとマリー・アントワネット編―』となった。配役は下記の通り。

●フェルゼン　明日海りお　(89期)

●アントワネット　蘭乃はな（92期）
●ド・ブロイ元帥　華形《はながた》ひかる（85期）
●アンドレ　望海風斗（89期）
●ジェローデル　鳳真由《おおとりまゆ》（91期）
●オスカル　芹香斗亜《せりかとあ》（93期）

月組時代はダブルキャスト続きだったために、ひとり一役のキャスト表を見るとホっとする。

宝塚歌劇『ベルサイユのばら』は、3つの時代に区分できる。

●昭和のベルばら（1974～1976年）
初演の爆発的人気をうけて、続演
初代オスカルに、榛名由梨《はるなゆり》。安奈淳《あんなじゅん》が続いた
アントワネットを初風諄《はつかぜじゅん》がつとめ、鳳蘭《おおとりらん》が特別出演。麻実《あさみ》れい・大地真央《だいちまお》が抜擢された

●平成のベルばら（1989～1991年）
宝塚歌劇75周年とフランス革命200周年を記念して再演

雪組では、杜《もり》けあきがアンドレに、一路真輝《いちろまき》がオスカルをつとめる
花組では、大浦《おおうら》みずきがフェルゼンに扮した
月組では、オスカル役・涼風真世《すずかぜまよ》のトップお披露目公演。天海祐希が役替わりでアンドレに

●ベルサイユのばら2001

21世紀を記念して、宙組と星組によって東西で同時上演される
星組では、オスカル役の稔幸《みのるこう》とアントワネット役の星奈優里《ほしなゆり》のサヨナラ公演となった
宙組では、和央《わお》ようか&花總《はなふさ》まりがフェルゼン&アントワネットに

歌舞伎の世界では、「『忠臣蔵』は、芝居の独参湯《どくじんとう》」と称される。『忠臣蔵』とは赤穂浪士の討ち入りを描いた『仮名手本忠臣蔵《かなでほんちゅうしんぐら》』のこと。「独参湯」は江戸時代に用いられた気つけクスリで、よく効いたそうだ。

転じて、客入りの悪い興行が続き苦戦したら、『忠臣蔵』をかけるとたちまち満員になるという意味。それだけ『忠臣蔵』は集客力バツグンの演目であったわけだ。

いち観客の立場にたつと、先に記した2001年まで「ベルばら」＝「独参湯」だった。スペシャル感にあふれ、次はいつ上演されるかわからない。

しかし次第に風向きがかわる。

２００6年にアントワネット生誕２５０周年を記念して、当時のスターが役替わり主演した。星組「フェルゼンとマリー・アントワネット編」宝塚大劇場を例にとると、オスカル役は、

●1月1日～3日　朝海《あさみ》ひかる（雪組）
●1月5日～10日　貴城《たかしろ》けい（雪組）
●1月12日～19日　霧矢大夢《きりやひろむ》（月組）
●1月20日～26日　水夏希《みずなつき》（雪組）
●1月27日～2月6日　大空祐飛《おおぞらゆうひ》（月組）

コマ切れすぎる。

筆者にとって、芝居とは「最適の脚本を、最適の演出で、最適のスタッフをもって、最適の配役でお見せする」ものだ。

脚本も演出もスタッフも同じだが、配役だけ異なるというのは、競わせているような気がする。どちらの方がチケットの売れ行きが良くて、どちらの方がグッズ販売が好調か云々は、芝居本来の意味を失っているという気がしてならない。

2013年と2014年は、宝塚歌劇99周年&100周年。100年史において「ベルばら」はもっとも欠かすことのできない演目である。

先陣を切ったのは、月組「オスカルとアンドレ編」。前章で記した通り、龍真咲と明日海りおのダブルキャストとなった。

第2弾は、雪組「フェルゼン編」。壮一帆《そうかずほ》&愛加《まなか》あゆのトップお披露目であり、大劇場公演では月組の龍真咲《りゅうまさき》と星組の柚希礼音がアンドレ役で、宙組の凰稀《おうき》かなめがオスカル役で特別出演した。

第3弾は、2014年の宙組「オスカル編」。オスカルを凰稀かなめがつとめ、アンドレ、ジェローデル、アランが役替わりとなった。

この他にも全国ツアーがあった。

2008~2009年には、スピンオフの「外伝」シリーズが幾多も上演された。

希少価値は、限りなく薄まった。

特に、オスカル。

宝塚歌劇団を目指そうという者、オスカル役を一度でもいいから演じてみたいと希求していただろう。白羽の矢が立てられるのは、たまたま上演期間に適齢期を迎える運に恵まれ、抜きんでた実力&スター性を有したひと握りのジェンヌだけだった。

しかし。

ひと公演に何人もが配され、「外伝」シリーズともなるとオスカル様がむしろ脇役になってしまった。

かくしてオスカル経験ジェンヌが大量に輩出された。

大劇場お披露目もやっぱり…

中日劇場に続く、大劇場お披露目は、『エリザベート』。

娘役トップの蘭乃はなのサヨナラ公演となった。仄聞《そくぶん》すると、蘭乃はなは、名娘役・花總まりに憧れており、花總が初演した『エリザベート』のタイトルロールを渇望していたのだとか。

明日海にとっては、本役・瀬奈《せな》じゅんの新人公演で主演した演目である。

「ベルばら」ほどではないが、この時期、「エリザ」の希少性も薄まっていた。

		トート閣下	エリザベート	F・ヨーゼフ	ルキーニ
●１９９６年	雪組	一路真輝（68期）	花總まり	高嶺《たかね》ふぶき	轟悠《とどろきゆう》
●１９９６年	星組	麻路《あさじ》さき（69期）	白城《しらき》あやか	稔幸	紫吹淳《しぶきじゅん》
●１９９８年	宙組	姿月《しづき》あさと（73期）	花總まり	和央ようか	湖月《こづき》わたる
●２００２年	花組	春野寿美礼（77期）	大鳥《おおとり》れい	樹里咲穂《じゅりさきほ》	瀬奈じゅん

●2005年　月組　彩輝直《あやきなお》（76期）　瀬奈じゅん　初風緑《はつかぜみどり》　霧矢大夢
●2007年　雪組　水夏希（79期）　白羽《しらはね》ゆり　彩吹真央　音月桂《おとづきけい》
●2009年　月組　瀬奈じゅん（78期）　凪七瑠海《なぎなるうみ》　霧矢大夢　龍真咲
●2014年　花組　明日海りお（89期）　蘭乃はな　北翔海莉《ほくしょうかいり》　望海風斗
●2016年　宙組　朝夏《あさか》まなと（88期）　実咲凜音《みさきりおん》　真風涼帆《まかぜすずほ》　愛月《あいづき》ひかる
●2018年　月組　珠城《たまき》りょう（94期）　愛希《まなき》れいか　美弥《みや》るりか　月城《つきしろ》かなと

他にもガラ・コンサートが開かれた。別物とはいえ東宝ミュージカル版もある。

筆者が明確に記憶しているのは、3演目まで。姿月あさと主演の宙組版までだった。

トート閣下には、それぞれの持ち味が強くにじみ出ていた。雪組・一路真輝は端正な歌唱力と美しさで観客の耳目を集めた。「歌唱力は大丈夫か」という心配をよそに、星組・麻路さきは圧倒的な不気味さで終幕まで魅了した。宙組・姿月あさとはパワフルな歌唱力と姿の良さが光った。

その他のキャストも、個性豊かだった。

初演の雪組版では、星奈優里《ほしなゆり》の人魚姫マデレーネが絶品だった、とか。

星組版は、姉ヘレネ（万理沙《まりさ》ひとみ）がハンカチを破ってしまうところが可愛い、とか。

ウィンディッシュ嬢は、星組&宙組ともつとめた陵《りょう》あきのにトドメを刺す、とか。

端役にいたるまで、ファンそれぞれにご贔屓《ひいき》があったりした。

観客というものはワガママなもので、1998年宙組からしばらく再演されなかったころは「もったいぶらないで、早く再演して〜」。

再演したらしたで「ちょっと再演しすぎじゃ、ね?」。

2014年花組『エリザベート』で印象に残っているのは、トート閣下に扮した明日海りおは春野寿美礼に似ているなということだ。ビジュアル系でロックスターのよう。歌唱も姿もシャープでカッコいい。

筆者は、明日海の本分は卓越した演技力にあると思っている。

翻って、トート閣下である。

黄泉の帝王である。黒天使にかしずかれて、高級ソファで脚を組んじゃったりもしている。医師ゼーブルガーに扮して、聴診器を当てたりもする。

この「実在しない役どころ」を、明日海は懸命に実体化しようとしていた。

トート閣下が、人間らしさを垣間見せる場面がある。

最愛の息子を亡くしたエリザベートが、トート閣下に「死なせて」と迫る。だが「死にたいのは自分(死)を愛しているからではなく、生から逃げようとしているから」と見抜き、エリザベートを拒絶する。このシーンを、明日海は抜群の演技力で魅せる。エリザベートの顔をじっと見て、真意を悟り、拒絶。じつに巧みな演技なのだが、一抹の疑問もわく。人情が垣間見られるからだ。

相手は、トート閣下だ。

こんな場面には、星組の麻路さきに一日の長があると思わざるを得ない。麻路トートはとにかく不気味、よくわからない存在だった。

「エリザ」で卒業、そして組替え

明日海の大劇場トップお披露目『エリザベート』が娘役トップ・蘭乃はなのサヨナラ公演となったことは、先に述べた。蘭乃は、２００６年初舞台の92期。東京都杉並区出身。同期娘役のすみれ乃麗《のれい》は、双子の妹にあたる。配属は、月組だった。

２００７年、蘭乃は阪急電鉄初詣ポスターのモデルに起用され、研究科３年で新人公演初ヒロインをつとめている。先にバウ公演『二人の貴公子』について記したが、主人公パラモン（龍真咲）に思慕の情を寄せる牢番の娘役に扮している。

２０１０年に花組に組替え。真飛聖の２人目の相手役として、娘役トップ・桜乃彩音《さくらのあやね》（88期）の後任としての異動だった。

２０１１年には、蘭寿とむとトップコンビを組む。

２０１４年に、明日海りおの相手役に。

花總まりに憧れていたことは先にも述べた。

花總は、一路真輝、高嶺ふぶき、轟悠、姿月あさと、和央ようかの５人の男役トップとコンビを組み、12年３か月にわたって娘役トップをつとめた。花總には及ばないが、３人の男役トップと組み、娘役トップ期間４年６か月はなかなかない記録だ。

『エリザベート』を最後に、望海風斗は花組を去った。組替えしたのは、望海だけではなかった。

公式ＨＰから。

【花組】

望海 風斗・・・２０１４年11月17日付で雪組へ組替え

真彩 希帆・・・２０１４年11月17日付で星組へ組替え

※望海風斗について、２０１５年１月１日からの雪組宝塚大劇場公演『ルパン三世』／『ファンシー・ガイ！』から雪組生として出演いたします。

※真彩希帆《まあやきほ》について、２０１５年２月６日からの星組宝塚大劇場公演『黒豹《くろひょう》の如《ごと》く』／『Ｄｅａｒ ＤＩＡＭＯＮＤ‼』から星組生として出演いたします。

10年に一度の大イベントで惨敗

少々、話は飛ぶ。

つかこうへい（1948〜2010年）は、劇作家であり演出家であり小説家。宝塚歌劇ファンの間では、『蒲田行進曲』を原作とした『銀ちゃんの恋』、そして雪組娘役トップをつとめた愛原実花《あいはらみか》（90期）の父親としてもおなじみだ。

小説『寝盗られ宗介』は、1982年に単行本が刊行されている。

菊池寛の小説『藤十郎の恋』に材をとり、ドサ回り劇団の座長の屈折した愛が、一座の音響係が恋人に宛てた書簡をもとに浮き彫りになる。20世紀最後年の演劇技術事情を示すくだりがある。

正直いって旅回りについていると、日一日と進歩する設備についていけというのが無理なのです。昨年友達とは夢だと話していた光ファイバーのコードが、もう赤坂のレストランシアターで取り入れられていると聞き、愕然としました。光ファイバーというのは、今までのコードのように銅線をより合わせたものではなく、コードの中が鏡になっていて、鏡に反射させて光を送るコードのことで、これならコードがどんなに長くなっても音質が悪くならない画期的なコードのことです。

刊行は、昭和でいえば57年。ソニーがCDを発売したのも、この年だ。

この時代、音響技術は長足の進歩をとげる。そして実用化されていく。この小説に登場するようなエンジニアたちがたゆまぬ研鑽を重ねたからこそだ。

技術の進歩は音響だけに限らない。照明・舞台装置の転換・メイク・衣裳など、ステージ周りの演出効果はどんどん進歩していった。

とびきりハデハデしいメイクを施さなくても、ステージで映えるよう照明を当てることができた。オーバーに叫ばなくても、客席の隅々まで声をとどけるような技術が積み上がっていった。PAエンジニアということばも頻繁に用いられるようになった。


宝塚大劇場公演『エリザベート』が千秋楽を迎え、東京公演初日を3日後に控えた2014年10月7日。花組メンバーは、大阪に集結していた。

なぜに?

あれです、10年に一度のあれ。

100周年記念の大運動会が、大阪城ホールで開催された。

各組の入場からして趣向が凝らされ、先陣をきった宙組は凰稀かなめがラインハルト将軍に扮して『銀河英雄伝説@TAKARAZUKA』で登場。

黒づくめの学ランに身をつつんだ星組は、柚希礼音みずから応援団長に扮して必勝を祈願した。半年後に退団をひかえており、優勝旗を置き土産に有終の美を飾ることは至上命題だった。

専科に続いて、一世風靡セピア「♪前略、道の上より」をBGMに、月組が暴走族風に登場。龍真咲は金ラメの学生服にリーゼントというでたち。真紅の学生服に身を包んだ愛希れいかが応援旗を振りまわすと、観客席から「オー」という歓声がわいた。

雪組は『一夢庵風流記　前田慶次』の出で立ちながら、テーマソングは「♪ルパン三世」。トップに就任したての早霧《さぎり》せいなが初々しい。

しんがりに現れしは、花組。黒スーツに紫ネクタイの組子が、白スーツにサングラスをかけた明日海りおを神輿《みこし》に担ぎあげる。

この運動会の後半、ハプニングが起こった。

綱引きの第1回戦「花組　対　星組」。

ヨーイドンで花組が強烈に引っぱり、星組はズルっと腰砕けに。呆気なく決着がついたと思われたが、物言いがつく。星組側のリノリウムがめくれあがってしまっていた。踏ん張りがきかず、引っ張られるままになっていたのだ。再試合は、星組の圧勝。

結局、総合成績でも花組は最下位に沈んだ。個人賞にも誰も選出されなかった。ここからは個人的な印象なのだが。

トップ就任の初年、花組はまとまりに欠けていた気がする。

ムリはないと思う。

花組で男役人生をスタートさせ、実力は申し分ない蘭寿とむ（82期）が前年に退団した。後継の有力候補には、花組生え抜きの望海風斗（89期）がいた。娘役トップは、在位4年に及ぶ蘭乃はな（92期）。花組については隅々まで掌握している。

明日海りおは、こんな未知の領域にポーンと放りこまれた。

正月公演もやっぱり

2015年正月。

花組は、東京公演組とシアター・ドラマシティ組の二手にわかれる。

明日海りおは、東京国際フォーラムでの『Ernest《アーネスト》 in《イン》 Love《ラブ》』に主演した。

原作は、オスカー・ワイルド（1854～1900年）の戯曲「まじめが肝心」。

演劇批評家の結城《ゆうき》雅秀《まさひで》が、この戯曲を激賞していた。ワイルドは「人生は芸術を模倣する」という至言を遺している。その真意を正確に理解するのは厄介だが、この戯曲を読めばワイルドの芸術観のエッセンスがつかめるだろう。ちなみに、戯曲「まじめが肝心」は新潮文庫版『サロメ・ウィンダミアン卿夫人の扇』に収録されている。

ミュージカル『Ｅｒｎｅｓｔ　ｉｎ　Ｌｏｖｅ』は、１９６０年にオフ・ブロードウェイ作品として初演された。「オフ・ブロードウェイ」とは小ぶりな劇場で初演された芝居を指す。巨額な資金を集めて豪華な座組で公演する大作は「ブロードウェイ」。「オフ・ブロードウェイ」よりもっと小さな規模で上演される芝居は「オフ・オフ・ブロードウェイ」と呼ばれる。

なかなか良くできた芝居なのだが。

これまた再演ものだった。

●初演　２００５年　月組（梅田芸術劇場）　瀬奈じゅん＆彩乃かなみ＋霧矢大夢
●再演　２００５年　花組（日生劇場）　樹里咲穂（専科）＆遠野《とおの》あすか＋蘭寿とむ
●三演　２０１５年　花組（東京国際フォーラム）　明日海りお＆花乃まりあ＋芹香斗亜

新・男役トップスター明日海りおの船出を、思い返してみると。

要らぬ「忖度《そんたく》」を感じざるを得ない。

ゆめゆめチケットの売れ残りでもあろうものなら、と言ったらいいだろうか。「ベルばら」「エリザ」に、「アーネスト」。先の２作は鉄板中の鉄板であるし、「アーネスト」も瀬奈じゅん＆霧矢大夢バージョン、樹里咲穂&蘭寿とむバージョンとも笑い声がたえず、「♪ハンドバックは母親ではない」など軽快なナンバーが耳に心地よく響いた。

明日海りおの場合、それまでの男役スターとしては珍しく、繊細で柔らか、しかし鋭さも備え、人柄が良いと思わせながらも、こじらせ青年を演じさせたら天下一品と、さまざまな魅力があった。今さら指摘しても詮ないことではあるが、再演ものは、ストーリーはもちろんのこと、登場人物の描かれ方もどうしても先行上演版が脳裏に残ってしまう。

ついに待望のオリジナル新作が

男役トップに就任して、9か月。

2015年3月に開幕した大劇場公演は、真価がはかられるステージとなった。再演ではなく、新作2本立であること。ピカピカの娘役トップと、ゼロからの役づくりでコンビを組むこと。同期の望海風斗が組替えした後であったこと。

筆者は、運よく当選した最前列のSS席で観劇した。

宝塚大劇場公演『カリスタの海に抱かれて』『宝塚幻想曲』。

『カリスタの海に抱かれて』の脚本は、大石静《おおいししずか》(1951年〜)。

『ふたりっ子』『セカンド・バージン』など代表作多数のシナリオライターである。宝塚歌劇に脚本を提供するのは、宙組・大空祐飛主演の『美しき生涯—石田三成　永遠の愛と義』（２０１１年）に続き2作目となる。ともに演出は、石田昌也がつとめている。

宝塚歌劇が外部に脚本を求めるのは珍しく、興行面では大きなアドバンテージとなる。大石氏ほどの大物であれば、固定ファンがいる。テレビ局にとっては下にも置かない存在だから、情報番組などでの番組宣伝も期待できる。一般誌やスポーツ紙、サイトでも紹介しやすい。

●大石静脚本で、花組・明日海りおが恋と友情に揺れる（チケットぴあ　２０１５年3月4日付）
●明日海りお、大石静氏脚本に「胸がキュンキュン」（日刊スポーツ　２０１５年3月13日付）
●大石静さん　タカラジェンヌに愛のダメだし（デイリー　２０１５年3月13日付）
●花組トップスター・明日海りお「生の気持ちを見せたい」　大石静脚本舞台に意気込み（クランクイン・ネット　２０１５年5月15日付）

肝心の物語であるが。さすが大御所。脚本には、これでもかというほど幾多のエピソードが散りばめられている。

フランスの植民地となっている美しい孤島で、２人の男児が同じ日に生まれる。

ひとりはフランス本土に渡り、司令官として故郷に戻る。
もうひとりは島で反フランス勢力のリーダーになっていた。
島の美しい娘はリーダーの許婚だったが、司令官もまた娘を愛してしまう。
というのが大筋だが、現在進行形の物語の根っこには、裏切りや拷問、死刑といった血なまぐさいバックグランドが横たわっている。

筆者が感じたのは「昔懐かしいオールドファッションスタイル」。

20年前の宝塚歌劇のテイストがした。

大石静は、１９５１年生まれ。

筆者は宝塚歌劇の作・演出家の中で正《まさ》塚《つか》晴彦《はるひこ》を評価しているが、正塚ミュージカルには学生運動世代の影響をかなり感じる。という正塚は、１９５２年生まれだ。

『カリスタの海に抱かれて』は、こんな配役だった。

●司令官シャルル　明日海りお（89期　静岡県静岡市）　月組→花組
●島の娘アリシア　花乃《かの》まりあ（96期　東京都多摩市）※娘役　宙組→花組
●幼なじみロベルト　芹香斗亜（93期　兵庫県神戸市　星組→花組
●ナポレオン　柚香光《ゆずかれい》（95期　東京都杉並区）　花組
●セルジオ　瀬戸《せと》かずや（90期　東京都江戸川区）　花組
●マリウス　鳳月杏《ほうづきあん》（92期　千葉県船橋市）　月組→花組
●総督の令嬢イザベラ　仙名彩世《せんなあやせ》（94期　宮城県名取市）※娘役　花組
●スタン　水美舞斗《みなみまいと》（95期　大阪府寝屋川市）　花組

芹香は、確固たる2番手に位置づけられた。明日海と芹香とは4期違い。いい離れ具合である。3番手には、花組生え抜きの柚香が育っている。バイプレイヤーには花組生え抜きも多く、落ちついた陣容といえるだろう。

幕開けからすぐ、軍服姿の主人公シャルルは舞台上手から銀橋をわたる。最前列から明日海りおを間近で見あげることになったのだが、びっくりした。

太ももに、である。

ぴちぴちの軍服ということもあるだろうが、アスリートのハムストリングだった。

新娘役トップは宙組から嫁入り

花乃まりあ（96期）の初舞台後の配属は、宙組。

東京都多摩市、恵泉女学園中学出身。

2010年に初舞台を踏み、早くから頭角をあらわす。

2011年『クラシコ・イタリアーノ』新人公演では、すみれ乃麗の役どころに扮する。

2012年に『銀河英雄伝説@TAKARAZUKA』の新人公演で初ヒロインに配され、以降、『モンテ・クリスト伯』『風と共に去りぬ』と連続ヒロインをつとめる。翌年には『the WILD Meets the WILD―W・M・W・―』でバウ初ヒロインを飾る。

2014年、花組に組替えになる。

新人公演ヒロインをつとめてきた娘役が他の組に移ることとは、「次の娘役トップに内定」という証。『エリザベート』で4連続となる新人公演主演をつとめ、花組の娘役トップに就任した。

『カリスタの海に抱かれて』の役どころは、島の娘アリシア。

島のリーダーであるロベルトの許婚であるが、司令官シャルルにも心魅かれる。気丈で男勝りな娘だが、上等なドレスにも憧れを抱き、島がどうなろうとカンケーないようでもあり、パリに行きたいし、周辺諸国も見てみたいと希求している。

複雑な娘だ。あるいは、単純なヒロインと見るべきだろうか。

役作りにおける戸惑いは、主人公シャルルにも見てとれる。

士官学校で優秀な成績を修めた軍人である。軍隊において最優先されるのは、リアリズムである。しかし絵にかいたようなロマンティストなのだ。

カリスタの司令官を志願した理由は、故郷の独立を後押しするため。

着任早々、反体制勢力のリーダーである幼なじみのロベルトに密談を持ちかける。しかし、あえなく反体制メンバーに捕らわれて紐で縛られる。「話を聴いてくれ」と伝えるが、コーフンしているメンバーたちは聞く耳もたず。ここで娘アリシアが「殺すのは、話を聴いてからでもいいじゃないか」と助け舟を出さなかったら、ジ・エンドとなってもおかしくない。

驚愕の提案がなされる。

いまフランス本国は混迷をきわめ、間もなく新体制が樹立されるだろう。

まさしく独立のチャンス！

司令官は「そのためにフランス軍の銃と弾薬を、キミたちに横流ししよう」。

終盤近く、横流しが同僚にバレて、シャルルは捕えられてしまう。

作中、アリシアが西欧風のドレスに憧れるエピソードが出てくる。これには下敷きがある。「プチブル」だ。アンダー50にはなじみがないだろうが、学生運動で頻出されてきた。

プチブル＝プチ・ブルジョワジー＝小市民。

左翼用語で、お金や外見にばかり気をつかう浅はかな市民という意味である。学生運動や左翼運動の中で、ヘアスタイルに気をつかったりお化粧をした女性は、「そんなことにうつつを抜かしてけしからん」と糾弾対象になった。

個人的には、はてなと思わないでもないエピソードとして描かれていた。だが明日海&花乃のコンビは、破綻のない演技力で演じきった。

花乃にとって、気の毒だったと思うところがひとつ。

娘役トップの大劇場お披露目のオリジナル新作にして、島の娘という役を配されたこと。花乃には演技力がある。男まさりで、勝気ながら、花の都パリに憧れる娘をリアルに演じた。

司令官シャルルが捕えられ、解放され、司令部に戻ろうとするシーンで、アリシアは「近道を教えてあげる」と言って駆け出す。肘をギュッと曲げて、一生懸命、両腕を振り振りする。

都会の水に洗われていない島の娘として、考え抜かれた演技だった。リアル過ぎた。かなりの美声にして発声が明瞭だから、島ことばやイントネーションも耳に残った。

身分のある主人公が土着的なヒロインと魅かれあうといえば、正塚晴彦・作演出の『追憶のバルセロナ』が思い出される。２００２年に雪組によって初演され、２０１９年には宙組全国ツアーで再演された。

初演は、雪組トップコンビの大劇場お披露目であり同時に退団公演となった。絵麻緒《えまお》ゆう扮するフランシスコは、バルセロナの青年貴族。フランス軍との戦いで瀕死の重傷を負い、彼を介護したのはロマの娘イザベルだった。

ヒロイン役の紺野《こんの》まひるは、大阪府豊中市出身の82期。見るからにサバサバした性格と明るさで男女問わず人気があった。紺野が扮したイザベラは、長い歳月がたっても記憶に残っている。瀕死のフランシスコが水を求めて「み・み・み・ず」。イザベラまひるは「この人、ミミズだってぇ」。場内爆笑。朝海ひかる扮するロベルトに「バ〜カ、水だよ」と冷たくたしなめられる。重くなく、軽くなく。いい塩梅の娘っぷりだった。

次章では、いったん花組からはなれる。89期の歩んできた２０１０年代を振り返ってみる。

第7章

2010年代の89期、花組、雪組

バレエも声楽も習わず合格

前章で、花乃《かの》まりあが宙組公演『ｔｈｅ ＷＩＬＤ Ｍｅｅｔｓ ｔｈｅ ＷＩＬＤ―Ｗ・Ｍ・Ｗ・―』でバウ初ヒロインに扮したと記した。

公演は、２０１３年7月25日〜8月5日。「バウ・ウェスタン・ピカレスク」と銘打たれている。

19世紀末、かつてゴールドラッシュに沸いたアメリカ南西部。ワイアット・アープやドク・ホリディ、バット・マスターソンといった伝説的な人物達が活躍した時代、実在した街「トゥーム・ストーン」を舞台に、共に育ち、やがて別の道を歩みだした二人の青年が、失われた家族の絆、損なわれた故郷、そして懸けられた賞金を巡って繰り広げる冒険活劇。

（宝塚歌劇団公式ＨＰ）

西部劇だ。

花乃まりあが扮したのは、美貌の賞金稼ぎエマ・トゥワイニング。

主人公は、兄弟同様に育ったジェレミーとベンジャミン。高等教育を受けるために故郷を離れたジェレミーは10年ぶりに街に帰ってきた。

ジェレミーに扮したのは、88期の蓮水《はすみ》ゆうや。神奈川県横浜市出身。174㎝。ダブル主演のベンジャミン役は、89期の七海《ななみ》ひろきがつとめた。配属は、宙組。茨城県立水戸第二高校出身。173・5㎝。

2009年4月に『薔薇に降る雨』新人公演で初主演をはたす。

CSチャンネル「タカラヅカ・スカイ・ステージ」の特別番組『Memories of 七海ひろき』のインタビューで、若手時代をこう振り返っている。

色んな上級生の方に、「お芝居っていうのは最初に心があって、その心に基づいて動いて、気持ちをお客様にお伝えする。台詞のないところでもやるんだよ」と。

そこから私の男役のお芝居が始まったと思います。

お芝居が好きで、正直、音楽学校の2年間しかほぼ歌も踊りもやっていなかったので、ついていくのに必死で。振付もよく先生に怒られたり、ついていけなくて同期に教えてもらったり。

はがゆい思いをしていた下級生時代でした。

入団時の成績は、39位。

バレエと歌をほとんど習わずに合格したのだから、これはすごい。

バウのダブル主演に続いて『風と共に去りぬ』のスカーレット・オハラ（朝夏《あさか》まなとと役替わり）、全国ツアー『ベルサイユのばら』のオスカルと大抜擢が続く。

２０１５年、七海は星組に組替えする。

あまり注目されていなかった若手時代に比して、新人公演で初主演をはたしたころからめきめきと頭角を現していった。

89期でひと足早く新人公演主演をはたした蓮城《れんじょう》まことは、雪組ひと筋に歩んだ。二度目の新人公演主演となる『ロシアンブルー』を最後に主演とは縁がなかったが、主要な役どころで舞台を固めた。

首席と４番が月組で合流

星組の美弥《みや》るりかが月組に異動したのは、２０１２年４月１日付。

宙組の凪七瑠海《なぎなるうみ》が月組に組替えになったのは、翌２０１３年１月29日付。

月組には、89期の首席と４番の男役が揃うことになった。

凪七と美弥の初共演は、２０１３年５月の梅田芸術劇場『ＭＥ　ＡＮＤ　ＭＹ　ＧＩＲＬ』。計算高い令嬢ジャクリーヌと能天気な青年貴族ジェラルドを役替わりで演じることになった。明日海が抜けても、月組ではダブルキャストが続いた。この期間、珠城《たまき》りょう（94期）はバウホール公演『月雲の皇子』に主演していた。

2014年7月と8月。凪七と美弥は、東京・日本青年館と大阪・梅田芸術劇場シアター・ドラマシティで主演をはたす。ミュージカル『THE KINGDOM』。こちらはダブル主演だった。

2013年に月組宝塚大劇場公演として上演した『ルパン　―ARSÈNE LUPIN―』（原作：モーリス・ルブラン作「ルパン、最後の恋」）に登場したドナルド・ドースンとヘアフォール伯爵の若かりし頃を描いたオリジナルミュージカルで、宝塚歌劇では珍しいスピンオフ作品です。二人が様々な出来事を経て大人へと成長していく過程の中で経験する男女の心の機微、男同士の友情などを描いた、ほろ苦いながらも切ない甘さのある青春群像劇です。

（公式HPから）

配役を記す。カッコ内にご注目。

●ドナルド・ドースン（情報部員）凪七瑠海
●ヘアフォール伯爵（伯爵家次男）美弥るりか
●サーシャ（ロシア人留学生）早乙女《さおとめ》わかば
●ジェニファー（情報部員）海乃美月《うみのみつき》
●ヴィクトワール（謎の女）憧花《とうか》ゆりの
●イワノフ（亡命ロシア人）紫門《しもん》ゆりや
●ヴィクター（活動家リーダー）蓮《れん》つかさ
●シャーロック・ホームズ（私立探偵）佳城葵《かしろあおい》

宝塚歌劇に「亡命ロシア人」や「活動家リーダー」「私立探偵」を登場させるのは、この人しかいない。
作・演出は正塚晴彦《まさつかはるひこ》である。

先に引用した岩本拓「美弥るりかの退団に思いを寄せて」から。

　二〇一三年の明日海の組替えにともなって（※　美弥るりかは）そのまま二番手に昇格かと思われたが、宙組からこれまた同期の凪七瑠海が組替えされてきたため、番手がぼかされることになった。成績では凪七の方が上だったこともあり、同格のように扱われながらも一歩後退した感が否めず、また当時の月組人事が二番手を明確に決めない方針であったことからズルズルと決断が先延ばしにされていくだけだった。（※　筆者加筆）

名作が22年ぶりに

『シアター・アーツ』という演劇専門誌がある。

創刊号（１９９４年1月号）で、大掛かりなアンケート特集が組まれた。

戦後50周年を前に、戦後戯曲のベスト10を集計しようという企画だ。大学教授や演劇記者など専門家54人に「これは」と思われる戯曲をひとり当たり20作挙げてもらう。順不同で、何票集めたかで順位が決定する。

ベスト10は下記の通り。

●1位（25票）　三島由紀夫《みしまゆきお》「サド侯爵夫人」
●2位（22票）　つかこうへい「熱海殺人事件」
●3位（20票）　唐十郎《からじゅうろう》「少女仮面」

●7位（19票）
太田省吾《おおたしょうご》「小町風伝」
斎藤憐《さいとうれん》「上海バンスキング」
北村想《きたむらそう》「寿歌」

●8位（17票）
安部公房《あべこうぼう》「友達」
加藤道夫《かとうみちお》「なよたけ」

●10位（16票）
田中千禾夫《たなかちかお》「マリアの首」
森本薫《もりもとかおる》「女の一生」
別役実《べつやくみのる》「マッチ売りの少女」

54人の選者が20作ずつ投票する。延べ１０００作の戯曲が挙がった。

うち宝塚歌劇は？

1作だけあった。

小池修一郎《こいけしゅういちろう》の『ＰＵＣＫ』（１９９２年）。選者は、元朝日新聞演劇担当の天野道映《あまのみちえ》である。

２０１４年9月。月組は、小池修一郎の若き才能が凝縮された名作『ＰＵＣＫ』を22年ぶりに上演した。初演と再演、それぞれのキャストを掲げる。

	1992年		2014年	
●パック	涼風《すずかぜ》真世《まよ》	（67期）	龍真咲《りゅうまさき》	（87期）
●ハーミア	麻乃佳世《あさのかよ》	（74期）	愛希《まなき》れいか	（95期）
●ボビー	天海祐希《あまみゆうき》	（73期）	珠城りょう	（94期）
●ダニー	久世星佳《くぜせいか》	（69期）	美弥るりか	（89期）
●ラリー	若央《わかお》りさ	（69期）	凪七瑠海	（89期）
●ヘレン（娘）	汐風幸《しおかぜこう》	（74期）	沙央《さおう》くらま	（87期）

22年の歳月をへて、主人公パックは、ちょうど20期違い。ヒロインも21期違い。初演時、天海はまだ6年目だったが2番手のボビー役をつとめ、再演版でも珠城りょうが同じ役に扮した。ダニーとラリーは、ともに同期がつとめている。どこまで意識したキャスティングだったか定かではないが、恒例のダブルキャストを排した配役にはある意志を強く感じさせた。

二〇一五年にようやく月組の番手争いに終止符が打たれた。二番手になったのは凪七でも美弥でもなく、珠城だった。それまでの躍進を目の当たりにしてきたファンは予想していたことでもあったが、とうとう現実のものになってしまった。（中略）
美弥は諦めることなく月組に残り続けた。珠城のトップ就任とともに、美弥と切磋琢磨し続けた凪七は専科へ異動になった。
（岩本拓「美弥るりかの退団に思いを寄せて」）

チャレンジ精神が

２０１５年。初舞台から12年をへて、将来が明瞭に見渡せる者あり、依然として視界不良の者あり、相次ぐ組替えに見舞われる者あり。

明日海りおは、花組を牽引するトップスターとしてまっすぐを見つめていたことだろう。

だが。

筆者の率直な感想を、雪組との比較で考えてみたい。

早霧《さぎり》せいな。87期。成績は19番。身長１６８㎝。

長崎県佐世保市、県立佐世保西高校出身。２００１年初舞台後の配属は、宙組。長崎といえば、花組男役トップ・安寿《あんじゅ》ミラ（66期）が思い出される。

早霧は高校1年時に宝塚音楽学校を受験して、不合格。２年時に再度挑むも不合格。翌年、三度目の正直で合格をはたす。

どんな魅力を買われて雪組トップスターに就任したのか？

飛びぬけた歌唱力があったわけではない。背丈もそれほど高いわけではない。だがストレートな演技力には、観客の胸を打つパワーがあった。熱血派、直球勝負、竹を割ったような性格。気合がこもっていた。

壮一帆《そうかずほ》（82期）の後任として、早霧は雪組男役トップスターに就任する。

早霧のトップ就任前、雪組はこんなラインアップだった。

●2012年7月　バウホール『双曲線のカルテ』（脚本演出・石田昌也《いしだまさや》）早霧せいな主演
●2012年10月　大劇場『JIN―仁―』（脚本演出・齋藤吉正《さいとうよしまさ》）音月桂《おとづきけい》のサヨナラ公演
●2013年11月　大劇場『Shall we ダンス？』（脚本演出・小柳奈穂子《こやなぎなおこ》）壮一帆主演
●2014年6月　大劇場『一夢庵風流記 前田慶次』（脚本演出・大野拓史《おおのたくじ》）壮一帆のサヨナラ

『双曲線上のカルテ』は、作家・渡辺淳一《わたなべじゅんいち》（1933〜2014年）の小説『夢影燈』が原作。

舞台をイタリアに移し、主人公の直江が「フェルナンド・デ＝ロッシ」に変えられている。

1973年には田宮二郎《たみやじろう》の主演で、2001年には中居正広《なかいまさひろ》の主演でテレビドラマ化されている。

村上もとか作『JIN―仁―』は、手塚治虫《てづかおさむ》マンガ賞も受賞したベストセラー・コミックス。勝海舟（北翔海莉《ほくしょうかいり》）や坂本龍馬（早霧せいな）など、おなじみの幕末の志士が登場し、宝塚歌劇とは親和性が高かった。

宝塚版『Shall we ダンス？』が巧みだったのは、映画版で草刈民代《くさかりたみよ》が演じたダンス講師に男役の早霧せいなを配したことだ。あの役だけは、触れなば切られんと思わせるピリピリ感が必要。娘役トップの愛加《まなか》あゆは、主人公の妻（映画版では原日出子《はらひでこ》）に扮した。

壮一帆＆愛加あゆのサヨナラ公演『一夢庵風流記 前田慶次』は、同名の時代小説が原作。作者の隆慶一郎《りゅうけいいちろう》（1923〜1989年）は大器晩成の小説家。デビュー作『吉原御免状』を読んだ折には、壮大なスケールと緻密なストーリーテリングに仰天した。第三高等学校（現・京都大学）から東京大学仏文科に学んだ学才でもある。

どうだろうか。

筆者は30年間、出版社につとめていた。担当記者として映画・演劇の現場を取材したが、原作ものの映画化や舞台化は予想外のトラブルに見舞われることが少なくない。原作者がガンコで聞く耳をもたないというケースはむしろ稀で、多くは周囲が忖度しすぎるからである。家族だったり、事務所だったり、出版社だったり、編集者だったり。

宝塚歌劇団には座付き作家たちから、幾多の企画案が提案されていることだろう。歌劇のツボも心得ているし、プロデューサー側からの無理も聞いてもらいやすい。

しかし。

安住に進歩なし。

雪組ラインナップからは、険しい連峰に向かうチャレンジ精神が透けて見えるようだ。

早霧せいな&咲妃《さきひ》みゆの雪組トップコンビは、日生劇場でお披露目をはたした。

生田大和・脚本演出の『伯爵令嬢　―ジュテーム、君を愛さずにはいられない―』。原作は、「細川智栄子あんど芙～みん」（ここまでが名前）のコミックス。細川智栄子《ほそかわちえこ》は『王家の紋章』で知られる人気漫画家。「芙～みん」は細川女史の実妹である。

『ルパン三世』で合流

望海風斗《のぞみふうと》が雪組に合流したのは、2015年正月。

早霧せいな&咲妃みゆの新トップコンビの大劇場お披露目公演となった。小柳奈穂子・脚本演出の『ルパン三世―王妃の首飾りを追え！』『ファンシー・ガイ！』。配役は下記の通り。

●ルパン三世　　早霧せいな（87期　長崎県佐世保市）　雪組

●アントワネット　咲妃みゆ（96期　宮崎県高鍋市）月組　→　雪組
●銭形警部　夢乃聖夏《ゆめのせいか》（87期　佐賀県多久市）星組　→　雪組
●峰不二子　大湖《だいご》せしる（88期　兵庫県川西市）雪組（女役に転向）
●カリオストロ　望海風斗（89期　神奈川県横浜市）花組　→　雪組
●石川五右衛門　彩凪翔《あやなぎしょう》（92期　大阪府大阪市）雪組
●次元大介　彩風咲奈《あやかぜさきな》（93期　愛媛県大洲市）雪組（首席入団／阪急初詣ポスター）

当時の記憶を鮮明にして、記しておきたいことがある。

望海風斗は、次期トップスター内定で雪組に組替えになったわけではなかった。

銭形警部役の夢乃聖夏は、現トップの早霧と同期。大湖せしるも男役から女役に転向していた。彩凪翔&彩風咲奈の「彩&彩コンビ」は期待にたがわぬ成長をみせていたが、92期93期のトップスター就任はまだまだ先のことだった。

とはいえ望海のトップスター就任は、今後の研鑽次第。それが偽らざる空気だった。

トップスターに就任してから退団するまで、早霧せいなは下記の公演に主演した。

●2014年10月『伯爵令嬢』（日生劇場）
●2015年1月『ルパン三世』（宝塚大劇場）
●2015年5月『星影の人』『ファンシー・ガイ』（博多座）
●2015年7月『星逢一夜』『La Esmeralda』（宝塚大劇場）
●2015年11月『哀しみのコルドバ』『La Esmeralda』（全国ツアー）
●2016年2月『るろうに剣心』（宝塚大劇場）
●2016年6月『ローマの休日』（中日劇場）
●2016年10月『私立探偵ケイレブ・ハント』『Greatest HITS!』（宝塚大劇場）
●2017年2月『星逢一夜』『Greatest HITS!』（中日劇場）
●2017年4月『幕末太陽傳』『Dramatic "S"!』（宝塚大劇場）

博多座と全国ツアーこそ再演ものとなったが、中日劇場を含め凝りに凝ったラインナップとなっている。話題になったのは、『るろうに剣心』。『週刊少年ジャンプ』に連載された超人気コミックスを原作に、小池修一郎がオリジナル脚本で歌劇化した。

続く『ローマの休日』は、オードリー・ヘプバーン主演映画の歌劇版。脚本演出は、田渕大輔《たぶちだいすけ》。中日劇場で幕を開け、赤坂ACTシアター、梅田芸術劇場で続演された。

ラインナップの妙を感じたのは、『私立探偵ケイレブ・ハント』。1本ものの大作が2作つづいた後に、都会的で粋な佳作をかけてきた。

会話も洗練され、登場人物も多彩。アトランダムに挙げると、「過去戦争を生き延びた経歴を持つ私立探偵」「探偵事務所の共同経営者」「映画監督」「女優」。過去に探偵、女優とくれば。そう、正塚晴彦・作演出のオリジナル新作だ。

サヨナラ公演は、『幕末太陽傳』。日本映画の歴代ベストテンにランキングされる川島雄三《かわしまゆうぞう》監督の代表作にして、日本物の雪組として堂々の大劇場公演を飾った。

さらに。とんでもない作品が産みだされた。

演劇ジャーナリストの中本千晶《なかもとちあき》は、著書『宝塚歌劇は「愛」をどう描いてきたか』の「あとがき」でこう記している。

この「あとがき」を書くタイミングで、ちょうど雪組公演「星逢一夜」(作・演出/上田久美子)を観劇できたのは幸運というほかはない。

「泣ける」と評判の作品だったが、実際私もかつてないほどに泣いた。こと客席ではやたら涙もろいタイプだが、それにしても幕開き、少年時代を演じる主要キャストの表情を見るだけですでに泣けてしまい、前半の山場ではもちろん号泣。途中、涙も枯果てたかと思いきや、ラストシーンでもまた泣いてしまった。

中本氏の言わんとしているのは「泣けた」という現象ではなく、独自のセオリー「愛の方程式」についてであり、ご興味のある方は前掲書のご一読をお勧めする。

この『星逢一夜』は、観客の心の奥底をゆさぶった。

作・演出は、上田久美子《うえだくみこ》。奈良県天理市出身。京都大学文学部卒。

演出助手での入団は、2006年。『星逢一夜』は大劇場デビュー作で、キャリア10年目にして読売演劇大賞の優秀演出家賞を受賞している。

2年余りで新作ミュージカルはわずか1本

話題を花組に戻す。明日海りおトップ就任以降のラインナップは、下記の通り。

●2014年6月『ベルサイユのばら』(中日劇場)
●2014年8月『エリザベート』(宝塚大劇場)
●2015年1月『Ernest in Love』(東京国際フォーラム)

●2015年3月『カリスタの海に抱かれて』『宝塚幻想曲』（宝塚大劇場）
●2015年7月『ベルサイユのばら』『宝塚幻想曲』（梅田芸術劇場・台湾公演）
●2015年10月『新源氏物語』『Melodia』（宝塚大劇場）
●2016年2月『Ernest in Love』（梅田芸術劇場・中日劇場）
●2016年4月『ME AND MY GIRL』（宝塚大劇場）
●2016年9月『仮面のロマネスク』『Melodia』（全国ツアー）

トップ就任してから2年余。

計9公演にして、新作はミュージカルが1本。ショーが2本。

「見たい、新作」。そんな欲求が渦巻くのも無理はない。

柴田侑宏《しばたゆきひろ》・脚本演出の『新源氏物語』の初演は、1981年。榛名由梨《はるなゆり》の主演で、1989年に剣幸《つるぎみゆき》主演で再演されている。原作は関西文壇の大御所であり、大の宝塚歌劇ファンである田辺聖子《たなべせいこ》（1928〜2019年）である。

続く『Ernest in Love』の再演をへて、4公演目の大劇場公演は『ME AND MY GIRL』となった。せめて5年前に再演されていたのなら、と思わないでもない。

こんな上演歴である。

●1987年　月組　剣幸&こだま愛《あい》（大劇場）　※トップコンビのサヨナラ公演
●1995年　月組　天海祐希&麻乃佳世（大劇場）　※新トップコンビのお披露目
●1996年　月組　久世星佳&風花舞《かざはなまい》（中日劇場）
●2008年　月組　瀬奈《せな》じゅん&彩乃《あやの》かなみ（大劇場）　※新人公演で明日海りお主演
●2008年　月組　霧矢大夢《きりやひろむ》&羽桜《はざくら》しずく（博多座）
●2009年　花組　真飛聖&桜乃彩音（梅田芸術劇場メインホール）
●2013年　月組　龍真咲&愛希れいか（梅田芸術劇場メインホール）
●2016年　花組　明日海りお&花乃まりあ（大劇場）

長らく筆者にとっては、『ME AND MY GIRL』＝天海祐希」だった。剣幸の初演版は映像商品化されていなかったから、1995年版のビデオを繰り返し見た。テニスルックでの群舞を憶えたり、両腕グルグルの「♪ランベス・ウォーク」を完コピしたり。天海渾身のサヨナラ公演だったから、通常とは違う空気が張りつめていた。

2008年に再演されることが発表されると、宝塚ファンのみならずミュージカルファンの間でも大歓迎する声がわきあがった。

しかし。立て続けに再演を重ね、希少価値が薄まる。ファンという者はワガママなもので、「ちょっとやりすぎじゃね？」」。

『エリザベート』と同じ道をたどる。

とはいえ。この『ＭＥ ＡＮＤ ＭＹ ＧＩＲＬ』には、明日海りお&花乃まりあコンビとの相性が良かったという記憶が残っている。

『ＭＥ ＡＮＤ ＭＹ ＧＩＲＬ』は、１９３７年ロンドンの初演。

宝塚版のもとになっているのは、１９８５年のロンドン再演版と翌１９８６年ブロードウェイ版で、両都市で主人公ビルに扮したのは人気コメディアンのロバート・リンゼイ。カッコいい役者ではない。似ているのは『ビバリーヒルズ高校白書』のブランドンのお父さん。興味のある向きは「ジェームズ・エックハウス」で検索して下さい。ちなみにヒロインのサリーはロンドン版では名優エマ・トンプソン、ブロードウェイ版ではマリアン・プランケットが演じていた。

主人公ビルは下町育ちで、その日暮らしで、初対面で令嬢のお尻を触っちゃったりする。ここが宝塚での上演では難しいところ。

明日海りおは、存外にガラの悪い役もできた。身体にフィットしているとは言いがたいジャケットがひるがえるさまは、『男はつらいよ』の寅さんを彷彿とさせて、下町のテキ屋っぽい。一方、ヒロインのサリーも気立てはいいがガサツな下町娘。花乃まりあは、貴族の生活への反発や身を引いてこそビルのためになるという心遣いを丁寧に表現した。

美男美女のカップルにして、細やかなシーンが随所に見られた。

全国ツアーゆえに再演ものになるのは当然として、次なるは『仮面のロマネスク』。

脚本は、名匠・柴田侑宏。

初演は1997年雪組・宝塚大劇場で、主演コンビは高嶺《たかね》ふぶき&花總《はなふさ》まり。

再演は2012年宙組・中日劇場で、大空祐飛《おおぞらゆうひ》&野々すみ花《ののか》の主演。

海外ミュージカルの人気作や宝塚歌劇の名作が、これでもかと花組に集められている感がする。

こんな声が、花組&明日海りお周辺で聴こえてくる。

「明日海りおの代表作って、何だろう?」

第8章

若きエースと「憎しみの連鎖」に挑む

宝塚ファンになる新しいルート

トップスターには、代名詞といえるステージがある。

真飛聖《まとぶせい》といったら、ショー『EXCITER!!』。

蘭寿《らんじゅ》とむなら、『CONGA!!』とか。

月組トップの真琴《まこと》つばさは、東京宝塚劇場のこけら落としとなった『愛のソナタ』が思い出される
し、星組トップの湖月《こづき》わたるには、サヨナラ公演『愛するには短すぎる』が忘れがたい。

では、明日海りおといえば？

トップ就任2年をへて、これぞという作品は見当たらない。依然、筆者中では『春の雪』というこ
とになる。だが客席526席のバウホールと2550席の宝塚大劇場とでは、芝居の作り方が根本的
に異なる。バウホールの場合、出演者も組子70人余の半分となる。

明日海りおの場合、トップ就任後に新作があまりにも少なかった。

「新境地が見たい」

「再演はもう飽きた」

だが怒涛の名作連チャンを喜ぶ声もあった。

というのも。

明日海りおファンには「それまで宝塚歌劇をまったく見ていなかったが、明日海りおがきっかけで好きになった」という層が、他のジェンヌよりも多いと思っている。具体的にどのくらいと言われても、返答に窮するのだが。

非・宝塚ファンがなぜ明日海りおを知り得たのか？　宝塚ファンの友人からＤＶＤや専門誌『宝塚ＧＲＡＰＨ』『歌劇』を借りてというのがまず王道だ。

もうひとつのルートは、テレビ番組。「ＳＡＮＳＰＯ ＣＯＭ」（２０１４年9月26日付）から。

フジテレビ系の人気番組「ＳＭＡＰ×ＳＭＡＰ」の10月6日放送分（月曜後9・0）に、宝塚歌劇団の花組トップスターらが出演することが26日、分かった。

今年5月にトップとなった明日海りおをはじめ、トップ娘役の蘭乃《らんの》はな、さらに花組を彩る望海風斗《のぞみふうと》、芹香斗亜《せりかとあ》、柚香光《ゆずかれい》の花組タカラジェンヌ5人が登場し、歌のコーナーでＳＭＡＰと共演する。

今回披露されるのは、一夜限りの豪華スペシャルメドレー。昨年の花組での公演後（初演は２０１１年の星組公演）、今年は香取慎吾《かとりしんご》主演で再び話題を呼んだ「オーシャンズ11」（大阪公演は10月22日～11月2日、梅田芸術劇場）の楽曲「Ｆａｔｅ　Ｃｉｔｙ」をはじめ、宝塚公演の作品の中から選りすぐられた名曲で構成される。

外部媒体への出演について、2010年ごろから歌劇団は大きく舵を切った。

筆者が週刊誌の演劇担当だった1990年代。歌劇団はとても取材がしにくかった。そもそも広報宣伝という概念があるのかなぁと思うこともしばしばだった。

当時は「秘すれば花」。露出をしぼり、希少価値を高める。劇場に足を運ばないと、始まらない。歌劇団公認の書籍や雑誌でないと、基礎知識も得られない。そんな時代が長かった。

加えていえば、宝塚歌劇は阪急電鉄の一部門であり、広告塔でもある。阪急グループといったら京阪神の大コンツェルンである。取材を受けて悪口を書かれるくらいならば、接触しない方がいいという意識さえかつては感じられた。

だが。そんなドメスティックな伝統は次第に通用しなくなる。

不況の波が続き、ゲーム、ネットなど種々の娯楽ツールが増え、「根強いファンが支えてくれるから」という甘えが通らなくなる。

こうして外部媒体への露出が増えた。

2000年代にはテレビ番組の威力は絶大だった。

静岡市内の中学3年生だった明日海りおは、バレエ仲間から借りた公演ビデオで宝塚歌劇にハマった。同じようにたまたまチャンネルを合わせていた番組にタカラジェンヌが出演しており、興味を持った視聴者が全国で同時多発した。

ただテレビ出演は、両刃の剣。逆効果になることも少なくない。

先に触れたように姿月あさとの退団に際して、どんな男役だったかよりも、ダフ屋でチケットが30万円で取引きされたという点に番組は終始した。「廊下を直角に曲がる」「便器をピカピカに磨きあげる」など音楽学校のトリビアをことさらに珍しがったりもした。

正直、テレビ番組での取りあげ方には、「宝塚歌劇＝フツーじゃない」「タカラジェンヌ＝変わった人」という方程式があった。

はっきり言うと、２０００年ごろまでテレビ局にとって宝塚歌劇は色物に過ぎなかった感じがぬぐえなかった。それが次第に転換してゆく。

ＯＧを例にすると、わかりやすい。

２００３年公開の映画『踊る大捜査線 ＴＨＥ ＭＯＶＩＥ ２ レインボーブリッジを封鎖せよ！』で、真矢《まや》みきはキャリア警察官僚・沖田仁美を絶妙の表現力で演じきった。天海祐希《あまみゆうき》が、日本テレビ系『女王の教室』で絶賛されたのは2005年。２００６年に檀《だん》れいは、山田洋次《やまだようじ》監督作『武士の一分』のヒロインに抜擢され、２００７年からサントリー金麦のＣＭキャラクターをつとめる。

宝塚歌劇に向ける眼差しが、変わりつつあった。

２０１３年放送のＴＢＳ系ドラマ『ＴＡＫＥ ＦＩＶＥ』（唐沢寿明《からさわとしあき》・主演）では、

宝塚歌劇団の現役男役トップスターの出演も決定！
星組トップスター・柚希礼音《ゆずきれおん》、宙組トップスター・凰稀《おうき》かなめ、月組トップスター・龍真咲《りゅうまさき》に加え、星組男役スター・紅《くれない》ゆずる、花組男役スター・明日海りおの5名が本人役で出演する。
表向きは宝塚歌劇団で活躍する人気スターの顔を持ちながら、裏では愛のある盗みを掲げる窃盗集団「ＴＥＡＭ ＦＩＶＥ」として暗躍する5人組を演じ、唐沢率いる怪盗軍団「ＴＡＫＥＦＩＶＥ」と対峙する。
（ＴＢＳの番組サイトより　2013年4月14日付）

カッコ良かった。

舞台俳優の場合、顔立ちも姿も決して万人向けとは言いがたいケースがある。

だが柚希礼音のたたずまい、凰稀かなめの美形は、まさに世の中基準。テレビ基準だったと思うのだが、いかがだろうか。

従来、タカラジェンヌがテレビ番組に出演する場合、「特別枠」という扱いだった。「カッコいい」「キマっていますね」という応対も、「宝塚歌劇の舞台に立つ人として」という前提だった。

しかし凰稀かなめや明日海りおになると、テレビ基準での立派な「カッコいい」であり「キマっている」となる。「宝塚歌劇団員としてカッコいい」ではなく、「並み居るタレント・俳優陣に比べても、カッコいい」のである。

カッコいいタレントはそこらに居るが、明日海りおの場合、歌えて踊れて芝居ができる。歌・ダンス・演技、そして容姿と四拍子揃っている。実際、前述の『SMAP×SMAP』をたまたま視聴して、明日海りおファンになったという話はよく聞く。

新参の明日海ファンにとって、トップ就任以降の再演オンパレードは思わぬ効果をもたらした。新規顧客にとっては初の観劇。しかもこれらは作品としては圧倒的に面白い。だからこそ再演され続けている。

はてなと首をかしげる新作に当たってしまって「明日海りおはカッコいいけど、芝居自体はツマらない」という落伍者を出すことなく、明日海の新規ファンは深化していく。スターもカッコよければ、作品も面白い！　ユニークなめぐりあわせだった。

現世で「まれびと」に出会う

再演ラッシュもひとまず終了。

待望の新作2本立が宝塚大劇場を飾ることになった。本公演は、娘役トップ・花乃《かの》まりあのサヨナラ公演ともなった。

2016年11月11日に宝塚大劇場で初日を迎えたのは、宝塚舞踊詩『雪華抄《せっかしょう》』とトラジェディ・

アラベスク『金色《こんじき》の砂漠』。通常とは異なり、最初にショー、次にミュージカルの順番で上演された。

原田諒《はらだりょう》・作演出の『雪華抄』は、明日海にとって初めての純日本物ショーとなった。

【トラジェディ】とは「悲劇」。【アラベスク】は「アラビア風の装飾模様」。悲劇が幾層にも重なったミュージカルということになる。『金色の砂漠』の作・演出は、上田久美子《うえだくみこ》。『星逢一夜』を手掛けた若きエースが、花組&明日海りおと組むことになった。

上田氏は公演プログラムにこう記している、

> 主演の明日海りお。この人の中には、強烈な情念の世界、とても強く深い感情があるのだろうと思います。だから、その喜びや嘆きは閃光のように客席を貫く。稀な美貌と、それ以上に稀な激しい情念。この世ではない場所から宝塚にふと現れた「まれびと」のような舞台人。私も、せっかく現世で「まれびと」に出会えたのですから、その異端の一端だけでもお見せできる役を書きたいと願わずにはおれません。
>
> ※ 筆者注／「まれびと」は、「民俗学で、異郷から来訪する神をいう。人々の歓待を受けて帰ると、考えられた。折口信夫の用語」（『デジタル大辞泉』）

明日海を「強烈な情念」「強く深い感情」「激しい情念」、そして「まれびと」という民俗学用語で端的に記した。「異端」とも記している。宝塚歌劇の歴史をさかのぼれば、けっして正統的ではないという意味である。

どんな作品を意図したのか。再び公演プログラムから。

明日海と花乃には、「サロメ」や「嵐が丘」といった狂気的な恋物語が似合うような気がします。そこで、そんな常識はずれの情熱の受け皿として古代の砂漠という私たちから最も遠い世界を設定し、命がけで恋し命がけで憎むような古代らしい恋物語を書いてみようと思いました。

サロメは古代ユダヤの女王で、オスカー・ワイルド（１８５４〜１９００年）の戯曲がもっとも有名。妖艶な踊りをへて、預言者の首がはねられ…というショッキングな物語である。一方の『嵐が丘』は、エミリー・ブロンテ（１８１８〜１８４８年）の長編小説。かつて宝塚で歌劇化されたこともある。タイトルが絶妙の美しさだけに原作の中身を誤解している方も多いのだが、このうえなく苛烈な物語である。主人公ヒースクリフは「絶対に身近にいてほしくない人物」ランキングで、かなりの上位に位置する。

ストーリーを宝塚歌劇公式ＨＰ「公演解説」から引く。

自分がどこから来たのかも知らず、王女タルハーミネ（花乃まりあ）の奴隷として育てられた少年、ギィ（明日海りお）。常に王女に付き従って世話をする彼は、長じるにつれ、美しく傲慢な王女に心惹かれるようになる。ギィを憎からず思うタルハーミネではあったが、王女の立場と何より彼女自身の矜りが、奴隷を愛することを許さない。タルハーミネはわざと高圧的な態度でギィを虐げる。奴隷でありながら矜り高いギィは、そんな王女を恋の前に屈服させたいと激しい思いを募らせる。

（※　役者名は、筆者の追記）

本作『金色の砂漠』は宝塚大劇場公演のミュージカルとして、大成功だったたか？　脚本・設定の細部に粗い面が見られる。未見の方に

はふわっとした説明しかできないが、奴隷が王女と一緒の寝室で寝るというしきたりや、打ち破った敵国の王子を王女の奴隷につけるという設定に、首をかしげざるを得ない。

異質な物語だった。

大劇場の伝統的ミュージカルとは、一線も二線も画していた。

だが。

かなりの佳作・秀作ではないだろうか。

宝塚歌劇という商業演劇ベースではなく、新国立劇場「新しい演劇」などというシリーズで初演されていたら、すごい評価を得たのではないか。

「憎しみの連鎖」である。

2001年の「9・11」（アメリカ同時多発テロ事件）以降、憎しみが次の憎しみを生みという構造はあらゆる芸術文化のテーマになったが、事実を羅列するだけでは芸がない。お互いの原理原則が違うため「文明の衝突」を描くのは至難である。それがフィナーレつきのわずか1時間半の間にドラマティックに書きこまれていた。「この物語、どう転ぶのだろう」という気になり度はマックスで、作品背景となる鍵が明かされて「な〜るほど」。

幕が下りるまで、こんなにハラハラした宝塚歌劇はなかった。

「支えますから！」

この公演で成長を感じたことがある。

2015年の『カリスタの海に抱かれて』では、花組メンバーの演技が溶け合っていなかった印象があった。

『金色の砂漠』は、かなり筋がこみいっている。

第一から第三まで王女は3人おり、それぞれに奴隷がつき、それぞれの距離感も微妙に異なる。王女たちには婚約者も現れる。やがて出生の秘密が物語をおおきく突き動かすきっかけとなり、王国にとっての新たな対抗勢力も登場する。

複雑なストーリーがスピーディにアップダウンするのだが、容易に理解できた。コミカルな演技も浮くことはなかったし、明日海と花乃の狂おしい愛憎もステージに溶けこんでいた。

タカラヅカＭＯＯＫ『ＴＡＫＡＲＡＺＵＫＡ ＲＥＶＵＥ ２０１４』で、大劇場公演『エリザベート』を控えた明日海りおはこう語っている。

10年間いた月組から花組に組替えになって約1年半。慣れたというよりも、どんどん馴染んできているなという感覚で、まだまだ新しい発見があります。花組はオンもオフもにぎやか。

楽しいことは皆で思い切り盛り上がるし、苦しいことは皆で乗り越えていこうという団結力と温かさがあります。自主稽古もとことんやるし、下級生でも意見をどんどん出して「任せてください！」「支えますから！」と頼もしい言葉をかけてくれます。

明日海りおを中心とする花組に、一体感が生まれ始めていた。アラベスクのように入り組んだ構造を、見応えある物語としてステージに昇華させた。ダンスの花組、花の花組が、確かな演技力を備え始めた。

『金色の砂漠』は、明日海りおの代表的作品と呼んでも差し支えないように思う。再び『TAKARAZUKA REVUE 2014』から。

男役をする上で影響を受けているのは自分が下級生の時に見てきたトップスターさんや上級生の方々です。「あさこさん（瀬奈《せな》じゅん）の手の角度はいつもカッコよかったな」などすべて頭の中に入っていて、歌ったり踊ったりお芝居をしたりする時、先輩方の残像が浮かんできます。花組生になってからは、まゆさん（蘭寿とむ）の素晴らしいところを自分の身体に刻もうと思いながらずっとご一緒させていただきました。

CS専門チャンネル「タカラヅカ・スカイ・ステージ」の『ときめきの原点　#7　宝塚のエンターテイナー・真琴つばさ』で、明日海は真琴つばさと対談した。

『BLUE・MOON・BLUE』は、出はじめから、カツラが紅いのがお似合いになり、歌っていらっしゃる時の首の角度（も素晴らしい）…。サビのところ、アクションが（素晴らしいので）ぜひご覧ください！　中詰めでは真っ白なお衣裳につつまれて、もう一回主題歌を歌われるところがあるんですが、その切なさとか、ロングブーツのはきこなしも、バランスが素敵でした。

演技でも歌でもダンスでも、創作芸術の要諦は「模倣」。上手にマネすること。その前段として、良し悪しを峻別する審美眼が不可欠となる。

明日海りおは、審美眼にも長けていた。

花組&明日海りおは『邪馬台国の風』『ハンナのお花屋さん』をへて大作『ポーの一族』を上演するが、その前に2010年代における89期の動向を振り返ってみたい。

退団、組替え、バウ公演、そしてヒロイン抜擢

89期の先陣をきって新人公演主演をはたした蓮城《れんじょう》まことは、雪組ひと筋に男役をまっとうした。『Shall we ダンス?』では、若手ダンサーのミハイル役。『一夢庵風流記　前田慶次』では、軍師・黒田官兵衛。『星逢一夜《ほしあいひとよ》』では藩主・晴興の幼なじみである泰三を演じ、芝居の要所を固めた。

サヨナラ公演となったのは『るろうに剣心』。桂小五郎とベルクールの2役が配され、2016年5月8日の東京宝塚劇場での千秋楽をもって歌劇団を退団した。

2013年『the WILD Meets the WILD —W・M・W・—』で、蓮水《はすみ》ゆうやとのバウ公演ダブル主演をはたした宙組の七海《ななみ》ひろきは、2015年4月21日付で星組に組替えした。

星組での初めての大劇場公演は『ガイズ&ドールズ』。北翔海莉《ほくしょうかいり》&妃海風《ひなみふう》の新トップコンビの大劇場お披露目となった。役どころは、準主役ネイサン（紅ゆずる）の仲間ベニーだった。

この時期の星組は、長らくトップをつとめた柚希礼音（85期）が退団した直後。

次期トップには紅ゆずる（88期）が就任すると思われていたが、専科の北翔海莉（84期）が落下傘

のような形でトップに降り立っていた。

3番手だった真風涼帆《まかぜすずほ》（92期）は宙組に移り、替わって星組に組替えしたのが七海ひろきだった。6期下には、柚希の本役を新人公演で主演してきた礼真琴《れいまこと》（95期）が控えていた。

２０１７年1月。七海はバウ公演で待望の単独初主演をはたす。鈴木圭《すずきけい》・作演出『燃ゆる風―軍師・竹中半兵衛―』。歌唱力に定評のある真彩希帆《まあやきほ》（98期）がヒロインをつとめた。


89期の首席・凪七瑠海《なぎなるうみ》と成績4番の美弥《みや》るりかは、それぞれ宙組・星組から組替えして、月組生となった。花組『カリスタの海に抱かれて』や星組『星逢一夜』が上演された２０１５年、凪七のプロフィールにおいて再びイレギュラーな配役が与えられた。

２０１５年8月。専科によるバウ公演『オイディプス王』（脚色演出・小柳奈穂子《こやなぎなおこ》）。轟悠《とどろきゆう》が主役オイディプスに扮し、凪七は相手役のイオカステを演じた。２００９年の月組大劇場公演『エリザベート』に続き2度目のヒロイン抜擢となる。公式ＨＰから。


古代ギリシャ・コリントスの王子オイディプスは、自ら授かった「父を殺し、母を娶《めと》るであろう」との予言の実現を避けるため放浪の旅に出て、テーバイ国で怪物スフィンクスを追い払い、請われてテーバイ国の王となる。

前王の妃イオカステを妻に迎え幸せな日々を送るが、数年後に国を襲った疫病災厄から国を救うため、神託を乞い、「前王ライオスを殺した犯人を罰せよ」とのお告げに従ってライオス殺しの犯人を探る。その謎を解くうちに、悲劇的な真実が明らかになっていく…。


娶った妻こそ、自分の母親だったという悲劇だ。

当時のステージ写真を見れば、一目瞭然なのだが。非常に美しい。掛け値なしに綺麗だ。初舞台から12年余たっても、そんな男役であり続けていたのである。

たび重なるヒロインへの抜擢は、凪七にとって有利に作用したとは思われない。

「この上なく綺麗だ」といわれても、「男役の本分じゃない」。どんなに評判が良くても、組の公演に比べれば話題になりにくい。いったん組を離れれば、それだけ自分のポジションが薄くなる。

２０１６年９月。凪七は、専科に異動となった。

ヒロインでの抜擢ではなく、もう少し男役として勝負する機会をもうけられなかったかという気がしてならない。

先の章で述べたように、龍真咲（87期）の後任月組トップには珠城《たまき》りょう（94期）が就任した。

相手役は引き続き、愛希《まなき》れいか（95期）がつとめた。

珠城&愛希のトップコンビ大劇場お披露目となったのは、ブロードウェイ・ミュージカル『グランドホテル』。世界的演出家トミー・チューンにより、１９９３年に初演されている。

美弥るりかに配されたのは、余命いくばくもない会計士オットー。１９９３年版では月組トップの涼風《すずかぜ》真世《まよ》が演じたが、２０１７年の珠城りょう主演版では主人公の設定が変えられている。

１９９０年の本場ブロードウェイ版では、オットー役のマイケル・ジェッター（１９５２〜２００３年）がトニー賞ミュージカル部門の助演男優賞に輝いている。

バー・カウンターでの超絶ダンスというワンシーン限定の見せ場があっての受賞だった。

授賞式では感動的なスピーチを披露した。

この作品の関係者全員に感謝します。観客の皆さまは私の心の支えです。
アルコールや麻薬中毒で苦しんでいる人がいたら、聴いて下さい。人生に絶望している人は、
私を見て下さい。酒や麻薬は止められます。
ドリームズ・カム・トルゥー（夢はかなうのです）。

蛇足ではあるが。

1993年の宝塚版で麻乃佳世《あさのかよ》が、2017年版では早乙女《さおとめ》わかばと海乃美月《うみのみつき》が野心的なタイピストのフリーダ・フラムシェンを演じている。ブロードウェイ版でこの役に扮しトニー賞助演女優賞にノミネートされたのはジェーン・クラコウスキー（1968年〜）。海外ドラマ『アリーmy love』（1997年〜）で秘書エレインを好演した女優である。

トリビアついでに。

この年のトニー賞授賞式の司会は、映画女優キャスリン・ターナー（1954年〜）。テネシー・ウィリアムの戯曲『熱いトタン屋根の猫』のヒロインをつとめていた。ダスティン・ホフマン（1937年〜）も『ベニスの商人』に主演しており、授賞式にはビデオメッセージで登場した。テレビもステージも映画も、俳優の層が分厚いと思い知らされた。

どうして盆踊りに？

2017年4月のシアター・ドラマシティ公演『瑠璃色の刻』で、美弥は単独主演をはたす。

作・演出は、原田諒だった。

2017年10月には、ディナーショーを開催。

月組の2番手だが、珠城りょうの後任トップに就任するか否か？

実力や実績・組への貢献では申し分ない。しかし94期の珠城から89期の美弥へとなると、5期もさかのぼってしまい人事が停滞しかねない。

２０１８年2月。

珍しく現代の日本を舞台とした『カンパニー』（脚本演出・石田昌也《いしだまさや》）が大劇場公演を飾った。

原作は、伊吹有喜《いぶきゆき》の同名小説。配役は、次の通り。

●青柳誠二（製薬会社の会社員。バレエ団出向を命じられる）　珠城りょう（94期）
●高崎美波（バレエ団のプリマドンナの代役。コンビニでバイト）　愛希れいか（95期）
●高野悠（世界的プリンシパル。腰を痛めながら公演にのぞむ）　美弥るりか（89期）
●阿久津仁（ダンスユニットのリーダー。ＥＸＩＬＥがモデル？）　宇月颯《うづきはやて》（90期）
●水上那由多（ダンスユニットのアイドル。バレエに挑戦する）　月城《つきしろ》かなと（95期）
●長谷川蒼太（バレエ団の若手ダンサー）　暁千星《あかつきちせい》（98期）

この小説の担当編集者は、筆者の元同僚だった。20年も前には、連れ立って超有名女優の実家に突撃取材したこともある。バレエものの小説ということもあり、刊行早々に読んでいた。

担当編集者から連絡があり、

「じつは宝塚で」「どこの組？」「月組」。

この時期、本公演は娘役トップ・愛希れいかの退団公演になるのではと噂されていた。

原作では、諦めかけていたバレリーナの道に再チャレンジするため、ヒロインは海外への渡航を決意する。まさにサヨナラ公演向け。バレエ団での相手役は、美弥るりかがぴったり。その他にも暁千星といったダンサーが控えている。

だが。

宝塚版『カンパニー』には、残念な点が多々あった。

まず愛希れいか＆美弥るりかのダンス場面が、思いのほか少なかった。

そして「フラッシュモブ」だ。『デジタル大辞泉』によれば、

《瞬間的な群衆の意》電子メールやＳＮＳなどでの呼びかけに応じた不特定多数の人々が、公共の場に集まり、あらかじめ決めておいた共通の行動をとってすぐに解散すること

バレエ団への出向を命じられたサラリーマン主人公は、公演チケットの売れ行きに悩む。一計を案じたのが「フラッシュモブ」。新宿アルタ前で、正午の時報とともに通りを歩くバレエ団員が突然、路上で踊りだす。ビデオ撮影してネットにアップしたところ、

「誰、この人たち?」「かっけぇ」「バレエ団の人みたいよ」「見てみたい」。

かくして、チケットが爆発的に売れたというくだりだった。

このシーン。小説を読んだ折から、映像・舞台にピッタリと思った。ステージにたるんだ街並をつくっておいて、正午の時報とともに月組ダンサーたちがパフォーマンス! 客席にも若手が登場して、ダンス・ダンス・ダンス・ダンス!

盛りあがること必定である。

ところが。

すごいアレンジがなされた。

新宿アルタ前が、夏の盆踊り大会に変更されていた。

ここでマックスな残念につき当たる。

原作小説には、「体型も筋肉も欧米人には太刀打ちできない日本人が、なぜバレエに挑むのか」というテーマが通底を流れている。だが宝塚版の盆踊りでは浴衣姿の愛希れいかがこぶしを回し、胴着姿の珠城りょうが空手ダンスを踊っていた。

なぜだ?

今もって理解できない。

脚本・演出の石田昌也はベテラン実力派であるから、なんらかの理由があったのだろう。

『グランドホテル』や『カンパニー』において、「さすが、美弥」「すげぇ、ダンサー」「余人をもって替えがたい」というほどの歌・ダンス・演技を見せることができていたら。美弥るりかの男役人生の最終盤は違ったかたちになったかも知れない。

ギャングもプレイボーイも

本章の最後に、望海風斗である。

早霧《さぎり》せいなトップ時代には、2つの公演で主演をはたした。

2015年5月のシアター・ドラマシティ公演『アル・カポネ』(作演出・原田諒)。

2016年6月のKAAT神奈川芸術劇場『ドン・ジュアン』(潤色演出・生田《いくた》大和《ひろかず》)。

かたや実在した伝説のギャング。もう一方はモリエールの戯曲でもおなじみのプレイボーイ。両作品とも主人公の強烈な個性があってこそ成立する。期待にたがわず、望海は濃かった。

強力な武器も炸裂した。

情報サイト「演劇きっく」が運営する「宝塚ジャーナル」の「望海風斗の圧倒的な歌唱力が光る異色作『アル・カポネ』(2015年5月30日付)から。

望海の定評ある歌唱力が作中に見事に生きている。何より数々の歌の色を自在に変えて歌うことができるから、将来に明るい夢を抱いていた晴れやかな若者が、次第に運命の手によって裏社会に導かれていく過程が歌を聞いているだけでもわかり、決して明るいとは言えない題材をミュージカルの方法論で運んでいく絶大な力となった。望海の苦み走った持ち味も役柄に合っていたし、貫録も十分。

(取材・文/橘涼香)

元スポニチ記者のブログ「藪下哲司の宝塚歌劇支局プラス」の「望海風斗、歌の巧さですべてをねじふせる！　ミュージカル『ドン・ジュアン』大阪公演開幕」(2016年7月6日付)では、

望海は、登場シーンから眼光鋭く何かに憑かれたような雰囲気で、悪徳の限りを尽くすドン・ジュアンを体現、ひとしきり踊った後、しびれをきらしたファンをじらすかのようにソロが始まる。このタイミングが絶妙で、ファンは一気に引き込まれたのではないだろうか。決して誰もが感情移入できる役ではなく、難役だが、望海ならではの圧倒的な歌唱力はすべてをねじふせる力があり、多少のほころびは目をつむってしまおうという気にさせられるほどだった。

雪組に組替えになった折には、2番手に遇された。だが、その時点では「このまま男役トップにな

るかは、予断を許さない」。

大劇場公演で、トップの早霧せいなを2番手として支える。交流の場である「お茶会」にはファンがわんさか詰めかける。『星逢一夜』や『るろうに剣心』は近年になかった面白さと評価される。もともと雪組は、「歌の雪組」と称されていた。この点でも望海は、救世主になった。

望海の持つポテンシャル、組替えのタイミング、新作路線の大成功、上級生と下級生の組み合わせの妙。面白いもので、どれもがピタリとはまった。

2017年7月24日付で、望海風斗は雪組の男役トップスターに就任する。

初舞台から14年余り。決して早い就任とはいえない。しかし雌伏の期間に実力をたくわえ、誰の目にも当然と思わせる昇格だけになお一層、望海は躍進した。

各組の男役トップスターは下記の通り。

- 花組　明日海りお（89期）2014年〜　月組→花組
- 月組　珠城りょう（94期）2016年〜　月組
- 雪組　望海風斗（89期）2017年〜　花組→雪組
- 星組　紅ゆずる（88期）2016年〜　星組

●宙組　朝夏《あさか》まなと（88期）　2015年〜　　花組　↓　宙組

トップ就任以降の望海についてはの後の章にゆずり、次章では再び2017年以降の花組&明日海に論考を戻す。

第9章

『ポーの一族』は代表作か？

3人目の相手役は94期首席

前章まで、明日海りお主演のショーについて触れてこなかった。

明日海りお主演の花組ショーには、「いいもの見せてくれて」という印象が総じて残っている。奇をてらったところがなく、物語性を帯び、綺麗だなという印象だ。

2015年『宝塚幻想曲』は和と洋がほどよく入り混じり、『Melodia』は音楽に特化して耳に心地よく響いた。2016年『雪華抄』は、華やかな日本物だった。

明日海りおのダンスは端正だ。強烈なインパクトを残すタイプではない。歌にしても、登場人物の内面を表現する歌唱に明日海の良さが光る。ここが紫吹淳《しぶきじゅん》や柚希礼音《ゆずきれおん》、蘭寿《らんじゅ》とむのように、身ひとつでショーの流れをぜんぶさらってしまう男役とは異なる。

2017年3月からの全国ツアー『仮面のロマネスク』『EXCITER!! 2017』で、明日海りおは3人目となる娘役トップを迎えた。

仙名彩世《せんなあやせ》。94期。

第4章で『アリスの恋人』で成績2位の愛風《あいかぜ》ゆめを紹介したが、この期の首席が仙名だった。

前任の花乃《かの》まりあより2期上で、研究科9年目での就任となる。

宮城県第二女子高校（現・宮城県仙台二華高校）出身。芸名は「仙台市」と「名取市」に由来する。仙名の娘役トップ就任の報には、正直驚いた。

2016年の『ME AND MY GIRL』ではマリアおばちゃんを演じていた。『エリザベート』なら皇太后ゾフィー、『ファントム』なら歌姫（?）カルロッタが似合う実力派バイプレイヤーと思っていたからだ。新人公演でのヒロイン経験がない娘役のトップ就任も久々である。

2つの作品が印象に残っている。

2015年の齋藤吉正《さいとうよしまさ》・作演出『風の次郎吉』。専科の北翔海莉《ほくしょうかいり》が、花組に客演主演した。気風《きっぷ》のいい江戸ことばを発する北翔を相手に、手妻（手品）の幸という娘を堂々と演じきった。

2016年の『For the people』。轟悠《とどろきゆう》がリンカーン大統領に扮した専科公演で、ヒロイン級の妻役に扮した。

「可憐」「純真」が求められる娘役にあって、アダルトな雰囲気を漂わせるタイプだった。

2017年6月。

新トップコンビの大劇場お披露目は、新作2本立となった。

ショーは、藤井大介《ふじいだいすけ》・作演出『Santé!!』。「乾杯」というフランス語で、「最高級ワインをあなたに」というサブタイトルが示すようにワインをテーマにしている。

第一部のミュージカルは、中村暁《なかむらさとる》・作演出『邪馬台国の風』。
演劇ジャーナリストの中本《なかもと》千晶《ちあき》が寄稿した公演評が、当時の様子を伝えている。総合ポータルサイト「論座」の【ヅカナビ】２０１７年６月25日から。

6月2日に宝塚大劇場にて初日の幕を開けた『邪馬台国の風』が波紋を呼んでいる。通常、ツイッターなどSNSでの感想のやり取りは、これから観る人に配慮しながら遠慮がちにスタートすることが多い。作品を一刀両断するようなコメントは書きにくいものだ。ところが、この作品に関しては初日から率直なコメントが続出。近頃では稀にみる事態となった。逆にこうなると興味もわくというものだ。実際のところどうなのか？「百聞は一見に如かず」というわけで、6月13日、大劇場まで足を運んでみることにした。

（花組『邪馬台国の風』賛否うずまく⁉「でもこれぞタカラヅカ」）

足を運んでどうだったかは、サイトを見ていただくとして。
筆者自身は、多くのブログで評されているほどには感じなかった。古代史に多少なりとも興味のあるムキにはそそられる一面があった。

次回作は、公演前から「いったいどんな作品に？」。これまた注目を集めた。赤坂ACTシアター『ハンナのお花屋さん』。作・演出は植田景子《うえだけいこ》だ。舞台は、ロンドンのお花屋さん。デンマーク人のクリス・ヨハンソンが営むお店だ。クリスは、東欧クロアチアからイギリスにわたってきた娘ミアと出逢う。ステージの後半では、クリスの家族の物語が回想される。

「お花屋さんを舞台に、どう物語を転がすつもり？」

ちゃんと考えてあって、移民や家族、身分違いの恋というテーマが点在していた。植田氏は『Can you Dream―夢を生きる―』（ソフトバンク クリエイティブ株式会社）という著作をあらわしている。刊行は2010年。『ハンナのお花屋さん』からさかのぼること7年も前だが、最終章にこんな一文がある。

〝心を豊かにしてくれるもの〟、それは人が生きる上で欠くことの出来ないものである。今、この不況の時代にあって、花屋さんが盛況らしい。市場ナンバーワンのフラワーショップの経営者の人が「不景気な時代だからこそ、心を豊かにする商品を」と話していた。まさに、その通りだと思う。精神的に不安定で複雑な時代だからこそ、宝塚の舞台から発信するものは、人の心を捉え潤す力を秘めている。

『ハンナのお花屋さん』が千秋楽を迎え、花組に大きな人事があった。

芹香斗亜《せりかとあ》が、宙組に組替えになった。

93期。神戸海星女子学院中学校出身。１７３㎝の大型男役で、星組（２００７年〜）→花組（２０１２年〜）と組替えしてきた。

父親は、阪急ブレーブス（現・オリックス・バッファローズ）で活躍した山沖之彦《やまおきゆきひこ》投手（１９５９年〜）。専修大学からドラフト1位で入団。通算１１２勝。最多勝1回。身長１９１㎝だから娘も大きいわけだが、もうひとつ理由があって。

母親は、元タカラジェンヌの白川亜樹《しらかわあき》。杜《もり》けあきや南風《みなかぜ》まいと同期の65期。男役で身長１７２㎝。この世代で身長１７２㎝は、かなり高い。写真を見るとたしかに芹香に似ている、って母娘だから当然か。

宙組男役トップの真風涼帆《まかぜすずほ》は、1学年上の92期。１７５㎝。真風&芹香は、座りが良い大型男役コンビとなった。姿月《しづき》あさと&和央《わお》ようか時代からの伝統が復活したようで、長年歌劇を見ていると、こういう瞬間は嬉しい。

「おませさん」がグサリ刺さる

２０１８年正月。

萩尾望都《はぎおもと》・原作『ポーの一族』が、宝塚大劇場公演で幕をあけた。

●エドガー　明日海りお（89期）
●シーラ　仙名彩世（94期）※娘役
●アラン　柚香光《ゆずかれい》（95期）
●ポーツネル男爵　瀬戸《せと》かずや（90期）
●ジャン・クリフォード　鳳月杏《ほうづきあん》（92期）
●バイク・ブラウン　水美《みなみ》舞斗《まいと》（95期）
●グレン・スミス他　優波慧《ゆうなみけい》（96期）
●マイケル／キリアン　飛龍《ひりゅう》つかさ（98期）
●ジョージィ　聖乃《せいの》あすか（１００期）
●メリーベル　華優希《はなゆうき》（１００期）※娘役

東京公演を見た知人が、「想像していたよりも……」とこぼした。

曰く。「原作に忠実すぎて、ダイジェスト版を見ているよう。よく言えばストレートな演出だが、演劇ならでは、宝塚歌劇ならではの見せ方も少なかった。せっかくの小池修一郎《こいけしゅういちろう》×明日海りおなのだから、もっと冒険をしても良かったのでは？」。

ごもっとも。

だが。ハードルが高すぎやしないか。

芝居は大きく「脚本」「役者」「演出」の三要素で成立する。

『ポーの一族』の場合、脚本（物語）には非の打ちどころがない。めっぽう面白いから今なお読まれ、少女マンガの名作アンケートでは池田理代子《いけだりよこ》の『ベルサイユのばら』や竹宮惠子《たけみやけいこ》の『風と木の詩』とベスト1を競っている。

役者。これとても2018年当時の花組を超えるメンバーは21世紀中に巡ってくるとは思えない。明日海りお&柚香光のビジュアルによると同時に、艶っぽさを漂わせる仙名彩世を人妻シーラに配し、可憐な華優希を妹メリーベルに抜擢したキャスティングが見事マッチした。

そして演出。小池修一郎は原作・作画に敬意を払い、奇をてらったり演劇的手法を駆使するのではなく正攻法でポー一族の物語を再現しようとしたように思える。

宝塚歌劇の入門書『タカラヅカ・ハンドブック』（２０１４年）でライターの雨宮《あまみや》まみと漫画家のはるな檸檬《れもん》が対談をしているのだが、

はるな　現実にはいないような、マンガでしか表現できなかった男性を宝塚で演じることができるのは、本当に強み。『メイちゃんの執事』も紅ゆずるさんが主演で舞台化されたんですけど、宝塚の再現力はすごい！

雨宮　少女マンガのあの繊細な線を、無理なく表現できる感じがします。

はるな　髪のはね方までマンガの通りなんですよ！　ナチュラルにお姫様抱っこをして。私の一番の萌えシーンが、自分が調合したリップクリームをお嬢さまに塗って差し上げて、口づけをするんですよ！　そんな恥ずかしい場面をね、紅様がスマートにやっちゃう‼

漫画家ならではの視点で、パンパネラ（吸血鬼）一族という誰も知らないファンタジーを違和感なくステージで繰り広げたことをもってしても、評価に値する。

明日海りおと仙名彩世の掛けあいでは、感心した場面があった。

エドガー少年とシーラの初対面のシーン。シーラはポーツネル男爵との結婚の許しを一族からもら

うために、ポーの村を訪問している。いたいけなエドガーは、シーラが結婚を控えていると知り、

エドガー「でもちょっと残念だな〜」
シーラ　「なんで？」
エドガー「この村には、あなたみたいな綺麗な人、
　　　　いないもの」
シーラ　「ありがとう、おませさん」

グサリと刺さった。

おませさん、である。

この場面、とても難しい。愛と夢のステージである宝塚歌劇にしても、「おませさん」である。ちなみに文庫版コミックスには「おませさん」はない。

こんな難シーンを、明日海&仙名の演技派ツートップは完璧にこなした。

このシーンを観劇して、星組の柚希礼音《ゆずきれおん》＆夢咲《ゆめさき》ねねのサヨナラ公演『黒豹の如く』（2009年）を思い出した。柴田侑宏《しばたゆきひろ》・脚本。スペインの海軍大佐が元恋人と再会し、深く結ばれるのだが、恋人とじゃれあいながら無敵艦隊の大佐は「こいつめ〜」。

柚希礼音は真剣に役作りをして、「こいつめ〜」と口にした。かなり戸惑っていた。そりゃそうだ、「こいつめ〜」だもの。

対して、明日海＆仙名コンビの「おませさん」には違和感がまったくなかった。

パンパネラの世界にも、自分からすんなり入りこんでしまう明日海りおと仙名彩世。

一方、スペイン海軍大佐を自分にグッとひきよせようとする柚希礼音。

そんな相違点を感じさせた「おませさん」＆「こいつめ〜」だった。

ボールをくわえた犬のよう

花組について、『金色の砂漠』のころから萌芽が見られ、『ポーの一族』で強く感じたことがある。

2015年3月に初日を迎えた『カリスタの海に抱かれて』は、ベテランの鬼気迫る演技、明日海の組をひっぱろうとする責任感、中堅若手が肩に力がはいったりと、熱量こそ感じられたのだが、まとまりに欠けていた感がある。

２０１５年12月に『ザ・タカラヅカⅣ　花組特集』が刊行された。ちょうど『新源氏物語』『Ｍｅｌｏｄｉａ』の出演時であり、明日海はインタビューでこう述べている。

花組に組替えして二年半ほどですが、花組の仲間と時間を共有し舞台を共に踏むということが、お互い信頼を築く上でとっても大きいんだと実感しています。今では、舞台に関する自分のこだわりたいところについて、たとえ意見が違っても、良い舞台を創るために話し合えるという安心感があるからこそ、自分の意見をはっきり伝えられるようになりました。

（中略）

この夏の台湾公演を経て、今回、舞台に立つ心持ちが変わったように思います。振り返るとこれまでは前へエネルギーを出すようにガムシャラにやっていました。台湾公演では劇場全体を見渡して、その日の客席の空気を感じて演じることが出来て、今出演している『Ｍｅｌｏｄｉａ』ではお客様と一緒に曲を奏でるように歌ったり、ガンガン攻めるように表現してみたり…いらない力を抜いて劇場全体の雰囲気を感じながら舞台に立っている気がします。

余裕がでてきた。組全体、客席を含めた劇場全体を見られるようになってきた。

それに伴って。これまでのステージでは、明日海りおが断然に光っていた。しかし『金色の砂漠』

以降になると、組全体が前面に出ている中での主演・明日海になってきた。
花組で起きている地殻変動ともいうべき静かなる変化は、演出家も同様に感じとっていた。『ザ・タカラヅカⅦ　花組特集』（2018年9月）に「演出家よりメッセージ」というコーナーがあり、4人が明日海と花組について意見を寄せている。

月組から明日海が持ちこんだものが何であったかと問われれば、緻密でリアルな月組型の芝居の構築と翳りある妖しさであろうか？
美貌とはんなりした個性は花組向きではあるが、同時に暗い情念の炎を感じさせるのも魅力である。

（小池修一郎）

自分の魅せ方、魅力をよく分かっていて、自己プロデュース力が強いんだと思います。その影響からか、下級生に至るまで一人一人が個性的で魅力、持ち味がハッキリしているんです。（中略）現在のミリオ時代は、皆芝居心が強く、ビジュアルにこだわりまくるイメージですね。

（藤井大介）

去年、2017年秋、『ハンナとお花屋さん』で花組と仕事をし、一人一人の生徒も、全体のチームワークも、なんて心地よいカンパニーだろうと実感しました。

（植田景子）

最後に掲げる小柳奈穂子《こやなぎなおこ》の説明は、興味深い。２０１７年末の柚香光主演『はいからさんが通る』での実体験を綴っている。

芝居の稽古をしていてある程度一つの場面の段取りが決まってくると、それではその場面を通してみましょうか、という事になる。それで、この通して一通り終わった直後の生徒の反応に結構組柄が現れたりするものだ。例えば雪組だと、私が何か言う前に凄い勢いでお互いの反省及びアドバイスのディスカッションが始まったり、星組はアドバイスを求めて食い入るようにこちらを見つめてきたりする。では花組はというと、終わった瞬間みんなめっちゃ笑顔！「これ！　すごい楽しいですよ！」とでもいうような満面の笑顔。まるで投げたボールをくわえて戻ってきた犬のようなテンション。そんなに喜んでもらえるなら、ここはどうしようかな、ここはもっとこうできるかな？　という気持ちにもなりついついい仕事をしてしまう…。

華やかさが持ち味だった花組に、明日海りおは堅実な芝居要素を持ちこみ、花組生もその芝居づくりを学んでいったと言えるのではないか。

大作『ポーの一族』はその好例である。

２０１９年3・4月号『ミュージカル』。ベスト10のうち、宝塚歌劇は2作品を占めた。10位は、原田諒《はらだりょう》・脚本演出『ドクトル・ジバコ』。轟悠の主演。8位は『ポーの一族』。23名中10人の投票で計63点。

女優部門でも、明日海りおは9位に輝いた。

天草四郎の正体は⁉

２０１８年5月。

明日海りおを筆頭にする花組選抜メンバーは、福岡・博多座公演を行った。レビュー・ファンタスティーク『Ｓａｎｔé!!』とともに再演されたのは、万葉ロマン『あかねさす紫の花』だった。

花組トップとして公演はもちろんのこと、取材・撮影など多忙をきわめる明日海にとって博多座公演はタイトなステージとなった。

１９７６年の初演から改訂・再演を重ねてきた『あかねさす紫の花』（作・柴田侑宏）には2つのバージョンがある。繊細な弟を主人公にした「大海人皇子」バージョンと豪胆な兄をメインに据えた「中大兄皇子」バージョンだが、博多座公演では両パターンが上演されたのである。

明日海は、２バージョンの主人公2役を5月4日から5月26日の間につとめることになった。

なぜ2バージョンの上演となったのか？　よくわからない。

集客のためにダブルキャストを配すということはままある。しかし首都圏&京阪神から福岡に足を運ぶファンもいる。

2番手には柚香光が控えており、スター候補生に活躍の機会を与えるためでもなさそうだ。

ポスターからして『Ｓａｎｔé!!』の金ラメ３人衆が採用されていた。

明日海りおのダブルキャストは博多座公演で最後になったが、いち観客としては月組時代からはたして本当に必要なキャスティングだったのかと疑問が残っている。


２０１８年7月。

花組大劇場公演は新作2本立で飾られた。

ショーは『ＢＥＡＵＴＩＦＵＬ ＧＡＲＤＥＮ ―百花繚乱―』。野口幸作《のぐちこうさく》の作・演出。

ミュージカルは『ＭＥＳＳＩＡＨ（メサイア）―異聞・天草四郎―』。原田諒の新作である。

なぜ天草四郎が宝塚歌劇になったのか？　長崎県と熊本県天草市の潜伏キリシタン関連遺産が世界遺産に認定されることが事前にわかっていたからだ。

天草四郎は何者か？　いまだによくわかっていない。

そこを逆手にとって、原田諒はいままで聞いたこともない人物に設定した。奇想天外な人物設定は物語が進むにつれて、面白い方向に転がって行った。

サイト「論座」（2018年7月28日付）の【公演評】花組『MESSIAH』（さかせがわ猫丸「明日海りお、名実ともに花組の〝メサイア（救世主）〟に。カリスマ性が艶やかに花開く」）から。

当初は小柄でキュートなルックスが庇護欲をかきたて、フェアリー系男役の印象が強かった明日海さんも、今では頼もしい大人の男役に成長しました。荒くれものたちを率いる夜叉王丸の豪快さや、のちに四郎として村人たちの気持ちを一つにし蜂起させる力強さは、確かな実力と求心力で花組をまとめてきた自身の姿に重なるよう。今回の題名は、メサイア＝救世主。トップらしいカリスマ性も身に着けた明日海さんの完成形のような舞台となりました。

柚香光の人物設定および描き方にも工夫がこらされ、天草四郎と絶妙の距離をたもつヒロインを仙名彩世が安定感ある演技でしっかりと演じきった。80名の組子の息がピタリと合っていたからこそ、人間関係が入り組み、一揆側と幕府側と描き分けられていてもストーリーがビシビシと観客席に伝わってきた。

先に『ミュージカル』誌において女優部門で明日海りおが9位にランクインされたと記したが、『M

ESSIAH』を評価した投票もあった。ミュージカル作品部門でも、『MESSIAH』は3人12点の投票を集め24位にランクインされている。

クリスマスシーズンを控えた11月・12月。明日海りおをはじめとする花組18名は、千葉県浦安市の舞浜アンフィシアターで宝塚歌劇として初めての公演を開催した。スペシャルステージ『Delight Holiday』。ほぼグルリと観客席に囲まれた半円形状のステージで、平成30年を代表する全30曲が歌い継がれたり、ディズニーの名曲が熱唱されたり。歌唱に定評のある仙名彩世にとって見せ場の多いコンサートともなった。

仙名は、次回大劇場公演で退団することが発表されていた。

「泣いていた彼女たちの気持ちが」

2019年2月。花組の大劇場公演は、1本ものの大作となった。祝祭喜歌劇と銘打たれた『CASANOVA』。作演出は、生田大和《いくたひろかず》。望海風斗主演では『ドン・ジュアン』を手がけた生田が、ドン・ジュアンと並ぶプレイボーイのカサノバを手掛けることになった。音楽は、フランス人作曲家のドーヴ・アチア。『太陽王』『1789』『アーサー王伝説』の作曲家が、書き下ろしナンバーを提供した。

作品を一見しての感想は「軽い」。2時間半の1本ものにして、全編軽快で、主義主張が見られない娯楽作だ。明日海が演じたコメディには『ME AND MY GIRL』『Ernest in Love』があり相応に面白かったが、『CASANOVA』も同等。うまい役者はコメディもうまいということば通り、明日海にはコメディセンスがある。

宝塚歌劇HPでの「演出家　生田大和が語る」から。

カサノヴァは、多くの女性たちと恋愛関係になりながら、憎まれることなく愛され続けたという不思議な男性です。それは、人をハッピーにする大きな力を持ち、たとえシニカルな態度でも許してしまえるようなチャーミングさがあったからではないでしょうか。人を惹きつけずにはおかない魅力のある人という点で、カサノヴァは明日海りおというスターと共通しています。

宝塚大劇場公演の千秋楽は、2019年3月11日。

その翌々日のことだ。歌劇団の公式HPから。

3月13日（水）、花組トップスター・明日海りおが、Musical『A Fairy Tale―青い薔薇の精―』、レヴューロマン『シャルム！』（宝塚大劇場：2019年8月23日～9月30日、東京宝塚劇場：2019年10月18日～11月24日）をもって退団することを発表し、記者会見を行いました。

退団を伝えたときの仲間の反応は、

『CASANOVA』千秋楽の前日、終演後に伝えました。私の話を聞きながら泣いていた彼女たちの気持ちがとても嬉しく、みんなのことが愛おしくてたまりませんでした。ただ、翌日に『CASANOVA』で卒業する仲間の大切な日を控えておりましたので、最後までしっかりしなくてはと気を引き締めたことを覚えています。

印象に残っている出来事には、組替えを挙げた。

すべてのことが舞台の糧となり、今の自分へと繋がっています。そのなかでも、月組から花組への組替えは特に印象に残っています。下級生時代を過ごした月組を離れることはさみしくもありましたが、〝花組の男役〟として、そして〝花組のトップスター〟としてふさわしい舞台人になろうと精進してまいりました。そうした日々を送れたことが、私のタカラヅカ人生で最も幸せな出来事だと感じています。

こうして残されたステージは、下記だけになった。

- 2019年3月〜　東京宝塚劇場『CASANOVA』
- 2019年6月　横浜アリーナ『恋スル　ARENA』
- 2019年8月〜　宝塚大劇場『A Fairy Tale ―青い薔薇の精―』『シャルム！』
- 2019年10月〜　東京宝塚劇場『A Fairy Tale ―青い薔薇の精―』『シャルム！』

第10章

明日海りおとは何者だったのか？

トップを目の前にして

２０１９年は89期にとって印象深い年になった。

星組でトップスターの紅《くれない》ゆずるを支えた七海《ななみ》ひろきは、台湾公演・ディナーショーをへて、２０１９年３月『霧深きエルベのほとり』『ＥＳＴＲＥＬＬＡＳ〜星たち〜』で退団した。

三番手以降だけでなく、ときに二番手や娘役トップさえぼやかすことがある最近の宝塚では、どの組を見てもスターの順列がわかりづらく、モヤモヤが晴れない状況が続いている。七海もその混迷のなかを歩んできた一人で、重要な役柄を常にになって主演作を経験しながらも、先が見えづらいことも多かっただろう。それなのに千秋楽の退団挨拶では、ときおり涙ぐむトップの紅を逆に励ますように笑顔を絶やさず大きな包容力と深いやさしさを見せた七海。トップコンビと同時ではなくひと足早い退団も、七海らしく潔い決断だと思える。

（前掲の水野成美「美弥と七海を『記憶』に刻み、愛月の武者修行を応援する春」）

２０１９年１月。美弥《みや》るりかは、バウ公演『Ａｎｎａ Ｋａｒｅｎｉｎａ』で主演をはたす。『瑠璃色の刻』はシアター・ドラマシティ公演だったため、意外にもバウ単独初主演となる。４月にはディナーショーも開催。2019年6月の『夢現無双　―吉川英治《よしかわえいじ》原作「宮本武蔵」より―』『クルンテープ　天使の都』東京千秋楽をもって歌劇団を卒業した。

昨今のすっきり爽やか系とは一線を画し、妖艶・魅惑・色気系として得がたい存在だった。

入団以来、決して順風満帆ではない宝塚人生を歩んできた彼女が苦労して上り詰めた先に、センターポジションがきっと待っているとファンは信じていた。しかしその夢はかなうことなく、宝塚の人気スター美弥るりかは終わりを迎える。だが、トップにならなかったといって、これまでの彼女の軌跡が色あせることはない。

（前掲の岩本拓「美弥るりかの退団に思いを寄せて」）

2018年の末。専科の凪七瑠海《なぎなるうみ》に、久々に男役としての主演が巡ってきた。木村信司《きむらしんじ》・作演出『蘭陵王―美しすぎる武将―』。シアター・ドラマシティとKAAT神奈川芸術劇場での花組公演で、サブタイトルが示す通り、凪七ならではの主演作となった。

相手役には、音《おと》くり寿《す》が配された。

2014年初舞台の100期。成績は全体2番。埼玉県さいたま市出身で、昭和女子大学附属昭和中学校卒。すでに新人公演主演、バウ主演を経験している。役どころは、蘭陵王に貢物として捧げられた美女。その正体は、亡きものにせんと送りこまれた刺客！　と説明するだけに、いかにも面白そう。ちなみに憧れの上級生は、花總《はなふさ》まりとのこと。花ちゃん人気、いまだ衰えずである。計19名の小ぶりな編成ながら各人の持ち味が発揮され、ドラマティックな展開もあり、凪七瑠海の代表作といえる歴史ミュージカルとなった。

２０１９年5月、雪組『壬生《みぶ》義士伝』『Ｍｕｓｉｃ Ｒｅｖｏｌｕｔｉｏｎ！』に出演した。11月からは、星組のフレンチミュージカル『ロックオペラ　モーツァルト』に出演。礼真琴《れいまこと》＆舞空瞳《まいそらひとみ》の新トップコンビのお披露目となり、礼はモーツァルト役。凪七はサリエリに扮する。潤色・演出は石田昌也《いしだまさや》。音楽は、前章でも紹介したドーヴ・アチアである。

歌の最強コンビが降臨

89期は49名。うち現役生として２０２０年を迎える男役は、凪七瑠海と望海風斗《のぞみふうと》の2人だけになった。奇しくも首席と2番のツートップである。

２０１７年8月。望海は全国ツアー『琥珀色の雨にぬれて』『〝Ｄ〟ｒａｍａｔｉｃ Ｓ！』で雪組トップスターとしてお披露目をはたす。

新・娘役トップは、真彩希帆《まあやきほ》。

埼玉県蕨市、関東国際高校出身。98期、成績は11番。

花組に配属され、星組、雪組へと組替えする。雪組には早霧《さぎり》せいなのサヨナラ公演『幕末太陽傳』で組替えして、次の公演では娘役トップの就任というあわただしい異動となった。憧れの上級生は、白城《しらき》あやか（74期）。星組の紫苑《しおん》ゆう・麻路《あさじ》さきとトップコンビを組んだ名娘役だ。

真彩はキャピキャピとはしていないし、可憐というにもタイプが異なる。娘役トップ就任という第一報に「意外」と受けとめた向きもあった。

そんな心配は杞憂に終わる。

大劇場お披露目は、『ひかりふる路～革命家、マクシミリアン・ロベスピエール』『ＳＵＰＥＲ　ＶＯＹＡＧＥＲ！―希望の海へ』。ミュージカルの作・演出は、生田大和《いくたひろかず》。『スカーレット・ピンパーネル』などでおなじみの作曲家フランク・ワイルドボーンが楽曲を提供した。ワイルドボーン＆望海風斗＆真彩希帆。音楽の神様によって配された「エンジェル・オブ・ミュージック」トリオは熱狂的に歓迎された。

ここから再演ものが続く。全国ツアー『誠の群像』『ＳＵＰＥＲ　ＶＯＹＡＧＥＲ！』。宝塚大劇場『凱旋門』『Ｇａｔｏ　Ｂｏｎｉｔｏ!!』。『凱旋門』は専科の轟悠《とどろきゆう》との共演になった。

２０１８年11月。

度肝を抜かれた。
脚本・アーサー・コピット。作詞作曲・モーリー・イェストン。潤色演出・中村一徳《なかむらかずのり》。
大劇場公演の『ファントム』だ。

		ファントム	クリスティーヌ	キャリエール	シャンドン
●2004年	宙組	和央《わお》ようか（74期）	花總まり	樹里咲穂《じゅりさきほ》	安蘭《あらん》けい
●2006年	花組	春野寿美礼《はるのすみれ》（77期）	桜乃彩音《さくらのあやね》	彩吹真央《あやぶきまお》	真飛聖《まとぶせい》
●2011年	花組	蘭寿《らんじゅ》とむ（82期）	蘭乃《らんの》はな	壮一帆《そうかずほ》	朝夏《あさか》まなと＆愛音羽麗《あいねはれい》
●2018年	雪組	望海風斗（89期）	真彩希帆	彩風咲奈《あやかぜさきほ》	朝美絢《あさみじゅん》＆彩凪翔《あやなぎしょう》

主人公ファントムには各年代の歌い手が配されているが、望海の歌唱は豊かな表現力とあいまって歴代屈指ともいえる哀しみの怪人像を打ち立てた。

特筆すべきは、雪組のクリスティーヌ。物語は「♪メロディ、メロディ、メロディ、メロディ」とパリの街角を軽快に駆けるシーンで幕をあける。ファントムが音楽の天使と認めるくらいだから、その歌唱は重要な聴かせどころになる。同様にオペラ座の歌手オーディションも、緊張を脱して伸びやかな美声を聴かせてこそ大抜擢のリアリティがいや増す。

この点、真彩はそのままエール・フランスに予約してオペラ座に連れて行きたいほどだった。

この頃から「雪組は、ぜんぜんチケット取れない」伝説が広がりはじめた。

ブロードウェイ・ミュージカル『20世紀号に乗って』（東急シアターオーブ）を経て次なる大劇場公演は、またまた話題を呼ぶ。

浅田次郎《あさだじろう》・原作の『壬生義士伝』（脚本演出・石田昌也）。渡辺謙《わたなべけん》主演でテレビドラマに、中井貴一《なかいきいち》&佐藤浩市《さとうこういち》で映画化された新選組ものだ。

望海は歌唱力だけではないと、知らしめてくれた。

２０１８年は宝塚歌劇の当たり年だった。『ミュージカル』誌のアンケートから宝塚歌劇の作品を挙げてみる。

- 8位　花組『ポーの一族』63点
- 10位　星組『ドクトル・ジバコ』49点
- 18位　花組『蘭陵王』15点
- 20位　月組『ＢＡＤＤＹ』14点
- 24位　雪組『ひかりふる路』12点

●24位　花組『MESSIAH―異聞・天草四郎』12点
●28位　月組『カンパニー』10点　（以下略）

女優部門では、

●7位　轟悠《とどろきゆう》（専科）20点
●9位　明日海りお（花組）16点
●19位　望海風斗（雪組）3点
●19位　礼真琴（星組）3点
●25位　真彩希帆（雪組）2点　※娘役
●31位　珠城《たまき》りょう（月組）1点

女優部門に娘役がランクされることは、珍しい。なお雪組『ファントム』は再演作品であり、かつ東京公演は2019年のため、新作部門・再演部門とも対象外だった。

望海と明日海の来し方を振り返ってみる。

トップスター就任後、ともに再演作品が多かった。

明日海は『エリザベート』『ME AND MY GIRL』『ベルサイユのばら』といささか再演されすぎ感のある歴代の名作の連続となった。

一方の望海は『琥珀色の雨にぬれて』『凱旋門』『誠の群像』と既視感の少ない作品が続き、4演目となる『ファントム』で決定的に評価を高めた。

明日海は、横浜アリーナでのコンサートで4人目の娘役とトップコンビを組んだ。

望海は、シンガー路線の真彩希帆とがっちりコンビを組んでいる。

同期の桜にして、どこまでも好対照をなすトップ2人である。

甘くてベタな作品が

平成の宝塚歌劇を語るうえで、記録に残しておきたいことがある。

西暦2000年の歌劇と2010年以降の歌劇とは何が異なっているか？

ミュージカルの質が格段に向上している。

ネット掲示板の黎明期。ある歌劇団幹部の実名を挙げ、「氏のミュージカルの良さは何でしょう？」というスレッドが立ったことがあった。

「第二部のショーが素晴らしく見える」「ぐっすり眠れる」。

皮肉をこめたカキコミが殺到した。

偽らざる感想だった。しかし当時の作・演出家を非難したいわけではない。かつての歌劇には、ロマンティックにして勧善懲悪《かんぜんちょうあく》で甘くてベタでという作品が多かった。商業演劇ゆえにこみいったストーリーは敬遠されるし、演劇的手法を駆使した演出もわかりにくい。なにしろ2000席超の大劇場だから先鋭的な内容では観客はついてくることができない。

かつて『ベルサイユのばら』を観劇していた折の体験である。最終盤でステージ下手（向かって左側）の奥に、バスティーユ牢獄の白旗があがった。市民たちは客席に向かったまま、つまりバスティーユに背中を向けながら勝利を実感する。これを見ていた年配の観客が「なんで後ろを見ないのかね」。芝居の約束ごとも安易には使えなかったのである。

テレビでの劇場中継も増え、劇団四季は全国各都市に展開し、小劇場ブームが起こると、宝塚歌劇にも質を求めるファンがどっと押し寄せた。

作・演出家も同様。あるテーマに固執しながら、娯楽性を失わず、1時間半できっちり作品を仕上げる手練れの座付き作家が台頭し始める。

製作側の意識も明らかに変化した。『逆転裁判』のようにゲームに原作を求めたり、『くらわんか』のように落語に材をとったり、『メイちゃんの執事』のように少女マンガに手を伸ばしたり。貪欲にフィールドを広げた。

89期の初舞台は、2003年。スタッフが新しい歌劇をつくろうと模索し、若き作・演出家やプロデューサーが才能を発揮しはじめたころだ。

演じる当人たちも同様だっただろう。

89期、とりわけ明日海りおの芝居は10年前の男役スターとは一線を画している。

横浜アリーナで4人目の相手役を

2019年6月26日。

横浜アリーナ『恋スルARENA』。幕開けで近未来風のストリート・ダンサーのいでたちで明日海りおが登場すると、なにかがフラッシュバックした。

『BLUE・MOON・BLUE』だ。ともに齋藤吉正《さいとうよしまさ》の作・演出。ブライト（明）とダーク（暗）の違いがあるが、似た香りを感じ取った。

『恋スルARENA』は、4人目となるトップコンビとのお披露目ともなった。

華優希《はなゆうき》。100期。京都市、立命館高校出身。

柚香光・主演『はいからさんが通る』では、ヒロイン花村紅緒に扮した。コンサートでは「♪恋するフォーチュンクッキー」を歌い、トークでは愛らしさを存分に発揮した。

特大イベントホールで開催されたタカラジェンヌのコンサートは、これまでに3つ。

●1998年7月　真矢《まや》みきスーパー・リサイタル『MIKI in BUDOKAN』（日本武道館）

●2014年11月　柚希礼音《ゆずきれおん》スーパー・リサイタル『REON in BUDOKAN〜LEGEND〜』（日本武道館）

●2019年6月　明日海りお　RIO ASUMI SUPER TIME@045『恋スルARENA』（横浜アリーナ）

真矢みきのリサイタルは、キメキメのエンターティナーショーだった。真矢の生命線であるトークは圧倒的に面白く、屈指のダンサーの匠ひびき&蘭寿とむが脇を固め、スター候補生の瀬奈じゅん・水夏希も出演した。

柚希礼音のコンサートでは、柚希は圧倒的なダンスを披露しながら、各出演者にも見せ場を用意した。アットホームな構成だった。

明日海りおのコンサートは、過去2公演とは少々毛色が異なった。とにかくよく動き、アリーナ狭しと総勢18名が駆け抜けた。とはいえスポーティな躍動感だけでなく、温かい。共演者が吐露する明日海への愛情がストレートに伝わってくる。

「横浜アリーナでこれをやるか？」と驚かせたのは、運動会・ワンス・モア。

先の章でも述べたが、明日海がトップスターに就任した直後の１００周年運動会で、花組はいいところなく惨敗。従って「リベンジをはたさないと、卒業できません」と、急遽、花組18名だけの運動会が開催され、優勝に輝く。ちょっと意味不明だったが。

後半には主演作のメドレーがあり、少々感慨深い思いを抱いた。

１１０周年記念など、将来にＯＧとして明日海りおが宝塚のイベントにゲスト出演することがあるだろう。そんな折に、どのナンバーを歌うのか？

明日海りおの代表曲は？

横浜アリーナで「♪哀しみのバンパネラ」（小池修一郎・作詞／太田《おおた》健《たけし》・作曲）が歌われた瞬間、「ああ、ここにあった」。『ポーの一族』観劇時には、「人に生まれて、人ではなくなり」という悲愴感があまりに強く迫ってきた。だが改めて黒燕尾で歌唱されると、どの時代にもどんな人でも持つ哀愁がにじみでていた。紛れもない明日海りおの代表曲となるだろう。歌詞の最後は「僕はバンパネラ」。「僕」という一人称がこうも似合うトップスターは、そうそういない。

個人的には、裏ベスト曲がある。『金色の砂漠』の「♪復讐こそわが恋」（上田久美子《うえだくみこ》・作詞／青木《あおき》朝子《あさこ》・作詞）。ミュージカル俳優としての瞬発力が、十全に表現されている。復讐がテーマだけに記念イベントにはふさわしいとは思えないが、代表歌唱のひとつとして指を折りたい。

歌劇の新境地を拓く

明日海りおとは、何者だったのか?

初舞台から「きれい」「フェアリー・タイプ」「中性的」と認知されていた。

だが明日海の真価は、フェアリーという外観だけではない。圧倒的な表現力が、男役としての魅力をボトムアップさせた。表現力の裏打ちには的確な観察眼が必要で、それも備えていた。

他のタカラジェンヌとは一線を画していたのは、繰り返しになるが中学3年生まで宝塚歌劇を観劇したことがなかったこと。「宝塚とはこういうものだ」という先入観なしに音楽学校時代から吸収することができた。さらには3歳からバレエを習っていたから、審美眼は備わっていた。宝塚を、舞台芸術のひとつとして相対的に眺めることもできただろう。

時代の追い風もあった。

勧善懲悪や予定調和なラブロマンスが観客に支持されなくなり、メッセージ性を秘めた意欲作や趣向を凝らした問題作が生み出される。『アリスの恋人たち』や『春の雪』は、明日海はじめ若手の演技力なしには成立しなかった。『金色の砂漠』も、明日海&花乃《かの》コンビあってのミュージカルだ。

ばっちりメイクを決めて、つけまつ毛バチバチという濃い男役では表現しえない現代的な役どころで宝塚歌劇の新境地を拓いた。

真矢みきや柚希礼音のように、ダイナミックに舞台をゆり動かすというタイプではない。この点、音響・照明・舞台装置の劇的な技術革新があった。２０００席超の大劇場でも十全に伝わる時代が、繊細に役づくりした明日海の追い風となった。

批評誌『ユリイカ』（２００１年５月号）宝塚特集号で、画家・横尾忠則《よこおただのり》と元花組トップ・大浦《おおうら》みずきが、こんな対談を残している。

横尾　前にも言ったけれど、三島（由紀夫）さんに聞いた話で、杉村春子さんが舞台の袖からタタタっと出てくる。袖に立っている時点から役になりきるのが常套ですね。それが、杉村春子はそのまんまで三、四メートルくらいタタタと出てきて、それから役の人に変わる、それがすごい、と三島さんは言うわけです。だから、全部が全部完璧に完成されたものは、そんなに魅力的ではない。（中略）

大浦　杉村春子さんにしろ山田五十鈴さんにしろ、ああいう大御所の方たちは、本当にスポンっと身体に落とせる体質なんでしょうね。アタマで意識しちゃうと、そっちばかりになりますから。科白を忘れるくらい染み込むと本当にいいんですよね。


この対談を読んだのは、20年近く前のこと。

その時は、すっとアタマに入ってこなかった。

だが明日海りおの芝居を見続けて「こういうことなのか」とぼんやりと理解に近づいたような気がする。明日海ほど、舞台からの出も舞台への入りもつかみどころのない役者はいない。

演劇専門誌『ｏｍｏｓｈｉｉ ｍａｇ ｖｏｌ・９』（２０１７年）に明日海のインタビューが掲載されている。

上田久美子・作演出『金色の砂漠』の大劇場公演（２０１６年11〜12月）を終えた時期で、

　上田先生のダメ出しを一つひとつ推敲している冷静な自分がいる一方で、役の感情が身体をめぐる瞬間があったんです。自分でも想像しなかったような感情が湧いてきて、自分であることを忘れるような瞬間があって。本当にお芝居の中に生かされているというか。その感覚が楽しかったんです。

（文・藤本真由）

稽古場で涙する姿を

２０１９年8月23日。

宝塚大劇場サヨナラ公演の幕があがった。

植田景子《うえだけいこ》・作演出のミュージカル『Ａ Ｆａｉｒｙ Ｔａｌｅ ―青い薔薇の精―』。

稲葉太地《いなばだいち》・作演出のレビューロマン『シャルム！』。

筆者は、初日直後の公演を観劇した。

『Ａ Ｆａｉｒｙ Ｔａｌｅ』は、意欲的な秀作だった。

設定は小池修一郎の『ＰＵＣＫ』に似ていながら、ヘビーかつ社会派だ。記憶と忘却、主観と時間といった哲学的なテーマに、行きすぎた資本主義や環境破壊、はたまた「ガラスの天井」といった今日的トピックスも散りばめられている。一歩間違うと、エコロジー礼賛や近代文明批判になってしまうところを、節目節目にファンタジーの要素を入れこみ、少々趣のかわったロマンスに仕立てられた。

主人公の薔薇の精エリュは、クリスタルのようにきらきら輝いていながらも、心の奥深くには傲慢さも秘めている。そもそも人間ではない役どころはトート閣下以来になるが、ビジュアルという点ひとつとってても明日海りおでなければ演じきれない役どころだろう。

退団公演2本立で、改めて気づかされたことが2つあった。

まずは、シンガーとしての力量だ。『A Fairy Tale』の最終盤に明日海のソロナンバーが用意されているが、メロディに乗せて思いのたけがほとばしりでた熱唱だった。

ショー『シャルム！』では黒燕尾でイタリアン・ポップス「♪ケ・サラ」を歌唱したが、こちらも掛け値なしの名唱だった。

これまで明日海の歌唱には、正直、度肝を抜かれたという記憶はない。常に感情をコントロールし、絶叫にならないよう自身を抑制していたのかも知れない。ところがサヨナラ公演という高揚がタガをはずさせたのか、メーターが振り切れ、大声量で感情のおもむくままのナマ声を聴けた。タメる歌唱を聴くのも、もしかしたら初めてかも知れない。

もうひとつは、ダンスだ。

『シャルム！』の第4場「Ｎｕｉｔ Ｊｕｎｇｌｅ 美しき男」では、男役軍団がスーツ姿で一糸乱れぬタンゴを披露する。これが圧倒的迫力で観客席にせまってきた。フィナーレでは、大階段から降り立った黒燕尾の群舞。全員の息がぴたりと合い、両手が指先までしなるようにピンと伸ばされ同じ方角を向いている。

大浦みずき、安寿ミラ、蘭寿とむ時代の「ダンスの花組」がよみがえったよう。

明日海＆花組ダンスの集大成といっていいショーだった。

男役トップ2人の退団によって、２０２０年の陣容はこうなる。

	２０１９年		２０２０年
●花組	明日海りお（静岡県静岡市）89期	↓	柚香光（東京都杉並区）95期
●月組	珠城りょう（愛知県蒲郡市）94期		
●雪組	望海風斗（神奈川県横浜市）89期		
●星組	紅ゆずる（大阪府東大阪市）88期	↓	礼真琴（東京都江戸川区）95期
●宙組	真風涼帆（熊本県菊池郡）92期		

京阪神出身者が、ひとりもいなくなる。

柚香・礼は、２００９年春が初舞台。およそ10年でトップに就任している。かつて15年は当たり前、18年かかったケースもあったことからすれば、花の時分にトップ就任できるのは歓迎すべきといえるだろう。

「はじめに」で、若手中堅時代の明日海について、「あれよあれよという間に、スター街道を驀進してきたという印象が強い」と記した。

初舞台からの足跡を振り返って、見えない部分でどれだけの努力を重ねたかというところに思いを馳せた。

優雅に浮かんでいるように見える白鳥も、水面下では必死に水をかいている。

ダブル主演や役替わり公演についてはは仔細もらさずチェックできたわけではないが、不出来を感じさせる公演・配役はなかった。サヨナラ公演が近づくにつれて横浜アリーナを含む日程は、かなりのハードスケジュールだっただろうが、明日海の演技なりパフォーマンスには気を抜いているところは微塵も感じなかった。

理由は2つで、まずは天賦の才。そして、たゆまぬ向上心だ。

『恋スルＡＲＥＮＡ』のパンフレットに、作・演出の齋藤吉正はこう寄稿している。

ソフトな面持ちの歌劇きっての〝麗人〟はそのヴィジュアルに反しとても負けず嫌いでストイックな性格です。期待のホープと謳われていたその頃から知る私は度々稽古場で彼女が涙する場を目撃してきました。その涙はとても強さを感じるもので、〝希望〟や〝夢〟といった未来の自分へのメッセージを垣間見る事が出来ました。


2019年7月31日。

ハロルド・プリンスが亡くなった。享年91。『ウエスト・サイド・ストーリー』『オペラ座の怪人』などを生み出したミュージカルの巨人だ。

ミュージカル俳優の井上芳雄《いのうえよしお》が、読売新聞（2019年8月7日付）に追悼の談話をのせている。

宝塚ファンにはおなじみだろうが、花組の89期男役・初輝《はつき》よしやの兄にあたる。


お話して感じたのは、良い意味で「普通の感覚の持ち主」だということ。僕との対談が終われば、「レストランで食事し、家に帰ったら今、気に入っているドラマシリーズを見るんだ」と楽しそうに話していました。舞台の演出をする際も、稽古時間は何時から何時までときっちり決まっていて、延長しなかったそうです。

僕はそれまで、アーティストというものは、独特の世界観があって破天荒なところがないといけない、と思い込んでいました。僕も割と普段は「普通」で、それがコンプレックスだったので、ハロルドさんの話を聞いて「このままでいいんだ」と勇気づけられました。


宝塚の歴代スーパースターには、独特の世界観が漂っていた。

ゴージャスな鳳蘭《おおとりらん》。

妖しくクールな麻実《あさみ》れい。

カッコいいこと極まれりの大地真央《だいちまお》。

いずれもプライベート・ジェットが似合うオーラが漂っていた。自分で切符を買って地下鉄に乗るなんて、想像もできない。エレベーターで一緒になったら、息がつまりそうだ。

素顔の明日海りおには、圧倒的な普通感が漂う。家計簿をつけていても、驚かない。ゴミの分別もちゃんとしてそうな気がする。

きらびやかな日常が、ステージにも輝きを放つという時代は過ぎ去った。

普通の生活を送り、普通の感覚を持っているから、普通の観客の感性を理解できる。だから上滑りせず、地に足のついた演技をみせることができた。

本書執筆の最後に、すみれ売りでのエピソードを掲げたい。

同好の士によれば、

「募金箱に行列ができていた双璧は、望海風斗と明日海りお。望海はいかにも大物スターという雰囲気で、明日海りおは若尾文子《わかおあやこ》に似ていると話題になっていた」

若尾文子は、1933年生まれ。

東京出身だが、疎開により宮城県第二女子高（現・宮城県仙台二華高）を中退している。

大映の映画に主演し、後にはテレビドラマのヒロイン役として人気を博す。個人的には1975年のフジテレビ系『あなただけ今晩は』（倉本聰・脚本）が、忘れがたい。妻夫木聡《つまぶきさとし》＆竹内結子《たけうちゆうこ》主演の映画『春の雪』（2005年東宝・行定勲《ゆきさだいさお》監督）では、ヒロイン聡子が出家した月修寺の門跡（住職）に扮している。

最大の魅力は、気品だ。折り目正しく和風で清楚。

さらに圧倒的な気品を漂わせながら、少なからぬ艶やかさがほの見える。しかもこの艶やかさは、不貞や禁忌がにじむとさらに輝きを増す。

若尾も、いわゆる女優然とせず、「普通の感覚の持ち主」という雰囲気を身にまとっている。真っ赤なポルシェをビューンと飛ばしたり、きらきらの宝石に身を包んで晩餐会にという姿はらしくない。

むしろお鍋を片手に、近所のお豆腐屋さんに木綿を一丁買いに行きそうなイメージがある。

若尾文子と明日海りお。

普通然としているからこそ、ステージにあがった時のギャップが激しく、心にとどまる。

明日海りおとは、何者だったのか？

一見、自信なさげでポッとしているように見える。

だが台本をわたされると、熱心に読みこみながら、役柄に没頭する。宝塚歌劇についてはまったく予備知識はなかったが、誰よりも素早く本質を見抜いてしまう。あらゆる難役も若いころから的確に演じわけ、演出家に「おそろしい子！」と一目置かれる。

明日海りおとは。

『ガラスの仮面』の女優・北島マヤだったのかも知れない。

Rio Asumi

おわりに

筆者は、祖母・母と三代続いて宝塚歌劇を愛好している。

三代そろって静岡生まれの静岡育ちが、なぜ？

祖母の実家が関係している。

静岡市内の料亭で、能舞台があった。能役者が旅回りで立ち寄ったり、お稽古ごとのおさらい会が開かれたり。そんな具合で、筆者の家系では代々、歌舞音曲が奨励されていた。テレビの舞台中継や演芸番組は、お茶の間に自然に流れていた。

こんなわけで歌舞伎・新劇・落語、そして宝塚歌劇については、下地があった。そんな縁で、長じて演劇記者になった。

人生、ちょっとしたことが将来を大きく左右する。

静岡市内の中学3年生が、宝塚音楽学校に入学したのは偶然の積み重ねだった。

まずバレエを習っていたことが幸いした。いかに身体能力に恵まれていたとしても、未経験では実技試験はかなり不利だっただろう。筆者が静岡県内で過ごした昭和40年代とは異なり、バレエが習い事のひとつとなっていた。近所には、信頼できるスクールがあった。

初観劇は、ラジオ番組の懸賞に当選したから。チケット争奪戦の激しかった時期だ。懸賞に当たらなかったら、受験へのモチベーションを維持できたかどうか。

ひとり娘の決意を、家族が制止していたら。もし「せめて来年にしたら」と諭していたら、2019年に退団する花組トップスターは存在しなかった。90期の道を歩んでいたからだ。

とりわけ、「よくぞ」という人物がいる。

ビデオテープを貸したバレエ仲間である。

あるいは貸したのが『BLUE・MOON・BLUE』ではなく、その演目がテイストに合わなかったとしたら。

男役スター明日海りおは、存在しなかったかも知れない。

1杯のコーヒーから、恋の花咲くこともある。

1本のビデオから、スターが生まれることもある。

とまれ。

ビデオ鑑賞から音楽学校合格まで、わずか8か月。

人智を超えたなにかが、歌劇団へと導いたとしか思えない。

男役として活躍した3人の89期をピックアップして、各年での主な舞台やトピックスもあわせて紹介します

<table>
<tr><th>望海風斗</th><th>凪七瑠海</th><th>美弥るりか</th></tr>
<tr><td>法政大学女子高から
音楽学校入学</td><td>田園調布雙葉高から
音楽学校入学</td><td>桜丘女子高から
音楽学校入学</td></tr>
<tr><td rowspan="2">花組に配属</td><td>宙組に配属</td><td>星組に配属</td></tr>
<tr><td>『白昼の稲妻』</td><td>『王家に捧ぐ歌』</td></tr>
<tr><td rowspan="2">新人公演『天使の季節』
で蘭寿とむの役に</td><td>阪急電鉄初詣ポスター</td><td rowspan="2">『1914』</td></tr>
<tr><td>『ファントム』</td></tr>
<tr><td>バウ『くらわんか』</td><td>第4期スカイ・フェアリー</td><td>第4期スカイ・フェアリー</td></tr>
<tr><td>日生劇場
『Ernest in Love』</td><td>『ホテル ステラマリス』</td><td>ドラマシティ『龍星』</td></tr>
<tr><td rowspan="2">『ファントム』</td><td>バウ
『不滅の恋人たちへ』</td><td rowspan="2">新人公演
『ベルサイユのばら』で
柚希礼音のアラン役に</td></tr>
<tr><td>『NEVER SAY
GOODBYE』</td></tr>
<tr><td>『黒蜥蜴』</td><td rowspan="2">『バレンシアの熱い花』</td><td>『シークレット・ハンター』</td></tr>
<tr><td>新人公演
『アデュー・マルセイユ』
で、真飛聖の役に</td><td>『エル・アルコン』</td></tr>
<tr><td rowspan="2">新人公演『太王四神記』
で初主演</td><td rowspan="2">『黎明の風』と『Paradise Prince』の新人公演で
蘭寿とむの役に</td><td>バウ
『ANNA KARENINA』</td></tr>
<tr><td>『THE SCARLET
PIMPERNEL』</td></tr>
</table>

■年表

明日海りおの音楽学校入学から退団までを、主な舞台と宝塚歌劇のトピックスで振り返った年表です

西暦	明日海りおの足跡	宝塚歌劇のトピックス
2001年	静岡雙葉中学卒業	新装された宝塚大劇場が開場
	宝塚音楽学校に入学	
2003年	89期として『花の宝塚風土記』で初舞台	花組『エリザベート』が東京の正月公演を飾る
	月組に配属される	
	『薔薇の封印』新人公演で、アンリ役（本役：月船さらら）	生田大和、原田諒が入団
2004年	バウ『愛しき人よ』	『ファントム』が宙組で初演
	『飛鳥夕映え』『タカラヅカ絢爛Ⅱ』	90周年大運動会で月組優勝
	バウ『THE LAST PARTY』	
2005年	新人公演『エリザベート』で、少年ルドルフ役（本役：彩那音）	月組が『Ernest in Love』を初演
	新人公演『JAZZYな妖精たち』で、ミック役（本役：月船さらら）	瀬奈じゅんが月組トップに就任
2006年	新人公演『暁のローマ』で、アントニウス役（本役：霧矢大夢）	雪組・水夏希、星組・安蘭けいがトップに
	全国ツアー『あかねさす紫の花』で大友皇子役	上田久美子が演出助手として入団
2007年	新人公演『パリの空よりも高く』で、ジョルジュ役（本役：大空祐飛）	花組・真飛聖、宙組・大和悠河がトップに
	新人公演『マジシャンの憂鬱』で、ボルディジャール役（本役：霧矢大夢）	
2008年	『ホフマン物語』で、バウ初主演	雪組『君を愛してる』で、蓮城まことが新人公演初主演
	『ME AND MY GIRL』でジャッキー役。新人公演では初主演（本役：瀬奈じゅん）	
	博多座『ME AND MY GIRL』で、ジャッキーとジェラルドの2役	夢咲ねねが月組から星組に
	新人公演『夢の浮橋』で2度目の主演	

<table>
<tr><th>望海風斗</th><th>凪七瑠海</th><th>美弥るりか</th></tr>
<tr><td rowspan="3">新人公演『外伝ベルサイユのばら』で主演</td><td>中日劇場『外伝ベルサイユのばら』で、オスカルとベルナールの2役</td><td rowspan="3">新人公演『My dear New Orleans』で柚希礼音の役に</td></tr>
<tr><td>月組『エリザベート』でヒロイン役</td></tr>
<tr><td>『カサブランカ』で新人公演初主演</td></tr>
<tr><td rowspan="2">『麗しのサブリナ』</td><td>『Je Chante』でバウ初主演</td><td>『ハプスブルクの宝剣』で新人公演初主演</td></tr>
<tr><td>『TRAFALGAR』</td><td>『愛と青春の旅立ち』</td></tr>
<tr><td rowspan="2">『ファントム』</td><td>『美しき生涯』</td><td>『ノバ・ボサ・ノバ』</td></tr>
<tr><td>『クラシコ・イタリアーノ』</td><td>『オーシャンズ 11』</td></tr>
<tr><td rowspan="2">『Victorian Jazz』でバウ初主演</td><td>中日劇場『仮面のロマネスク』</td><td>月組に組替え</td></tr>
<tr><td>『華やかなりし日々』</td><td>『ロミオとジュリエット』でマキューシオ役</td></tr>
<tr><td rowspan="2">『戦国 BASARA』</td><td>ドラマシティ『逆転裁判3』</td><td rowspan="2">『ベルサイユのばら』で、ベルナールとジェローデルの2役</td></tr>
<tr><td>月組に組替え</td></tr>
<tr><td>バウ『New Wave!ー花 -』で、メインキャスト</td><td colspan="2">梅田『ME AND MY GIRL』で、ジャッキーとジェラルドの2役（凪七と美弥の役替わり）</td></tr>
<tr><td>『エリザベート』でルキーニ役</td><td>『TAKARAZUKA 花詩集100!!』で、初エトワール</td><td>バウ『New Wave! - 月 -』でメインキャスト</td></tr>
<tr><td>雪組に組替え</td><td colspan="2">梅田『THE KINGDOM』でダブル主演</td></tr>
</table>

西暦	明日海りおの足跡	宝塚歌劇のトピックス
2009年	バウ『二人の貴公子』で主演	星組・柚希礼音、宙組・大空祐飛、月組・霧矢大夢がトップに
	新人公演『エリザベート』で、主演 本役では、ルドフルとシュテファン役	礼真琴・柚香光ほか 95 期入団
	新人公演『ラストプレイ』で主演	大浦みずき死去（享年 53）
2010年	中日劇場『紫子』	小林公平・ 元理事長が死去（享年 83）
	『THE SCARLET PIMPERNEL』で、 ショーブランとアルマンの2役	音月桂が雪組トップに
	ドラマシティ『STUDIO 54』	
2011年	『バラの国の王子』	蘭寿とむが花組トップに
	『アルジェの男』	『ロミオとジュリエット』が 雪組で再演
	『アリスの恋人』でバウ単独初主演	
2012年	ディナーショー『Z-LIVE』	星組『オーシャンズ 11』で 東京宝塚劇場が幕開け
	月組準トップスターに	月組・龍真咲、 宙組・凰稀かなめ、 雪組・壮一帆がトップに
	『ロミオとジュリエット』で、 龍真咲とダブル主演	
	バウ『春の雪』	
2013年	『ベルサイユのばら』で、 龍真咲とダブル主演	原田諒が読売演劇大賞優秀 演出家賞を受賞
	花組に組替え	『Shall we ダンス?』が、小柳奈穂子・脚本演出で雪組により歌劇化
	『愛と革命の詩』	
	ディナーショー 『ASMIC ADVANCE』	
2014年	『ラスト・タイクーン』	蘭寿とむの退団公演 『ラストタイクーン』で、 生田大和が大劇場デビュー
	花組トップに就任	
	中日劇場『ベルサイユのばら』で フェルゼン役	早霧せいなが雪組トップに
	フジテレビ系 『SMAP × SMAP』に出演	100 周年運動会で星組が優勝
	『エリザベート』で大劇場お披露目	星組トップ柚希礼音が退団

望海風斗	凪七瑠海	美弥るりか
ドラマシティ『アル・カポネ』主演	『PUCK』	中日劇場『風と共に去りぬ』
『哀しみのコルドバ』	専科『オイディプス王』で、バウ初ヒロイン	『1789』
『ドン・ジュアン』主演	『NOBUNAGA〈信長〉』で明智光秀役	ACTシアター『Voice』
『私立探偵ケイレブ・ハント』	専科に異動	シビックホール『アーサー王伝説』
	ディナーショー『Evolution！』	
『幕末太陽傳』	『エリザベートTAKARAZUKA20周年スペシャル・ガラ・コンサート』	『グランドホテル』オットー役
雪組トップに		ドラマシティ『瑠璃色の刻』で、単独初主演
『ひかりふる路』	星組『ベルリン、わが愛』	ディナーショー『Razzle』
『誠の群像』	星組・中日『うたかたの恋』	『カンパニー』で高野悠
『凱旋門』	花組ドラマシティ『蘭陵王』で主演	ACTシアター『雨に唄えば』コズモ役
『ファントム』		『エリザベート』でF・ヨーゼフ役
『20世紀号に乗って』	『演劇人祭』（新橋演舞場）	バウ『ANNA KARENINA』主演
『壬生義士伝』		ディナーショー『Flame of Love』
『はばたけ黄金の翼よ』	星組『ロックオペラモーツァルト』	『夢現無双』『クルンテープ　天使の都』東京千秋楽（6月9日）で退団

西暦	明日海りおの足跡	宝塚歌劇のトピックス
2015年	国際フォーラム『Ernest in Love』	雪組の正月公演『ルパン三世』で宝塚大劇場が幕開け
	『カリスタの海に抱かれて』	
	『ベルサイユのばら』台湾公演	上田久美子が『星逢一夜』で、大劇場デビュー
	『新源氏物語』	
2016年	梅田芸術劇場と中日劇場で、『Ernest in Love』	雪組『るろうに剣心』で、蓮城まことが退団
	『ME AND MY GIRL』	珠城りょうが月組トップに
	全国ツアー『仮面のロマネスク』	『エリザベート』が宙組・朝夏まなとで再演
	『金色の砂漠』	
2017年	全国ツアー『仮面のロマネスク』	『THE SCARLET PIMPERNEL』で、紅ゆずるが星組トップに
	『邪馬台国の風』	七海ひろきが『燃ゆる風』でバウ単独初主演
	ACTシアター『ハンナのお花屋さん』	
2018年	『ポーの一族』	『WEST SIDE STORY』を宙組が再演
	博多座『あかねさす紫の花』	
	『MESSIAH - 異聞・天草四郎 -』	月組『エリザベート』で、愛希れいかが退団
	舞浜アンフィシアター『Delight Holiday』	
2019年	『CASANOVA』	『霧深きエルベのほとり』で、宙組・七海ひろきが退団
	横浜アリーナ『恋スル ARENA』	
	『A Fairy Tale』『シャルム！』東京公演の千秋楽（11月24日）で退団	星組『GOD OF STARS』で、紅ゆずるが退団

■参考文献・資料一覧

オスカー・ワイルド『サロメ・ウィンダミア卿夫人の扇』（新潮文庫　１９５３年）
三島由紀夫『春の雪』（新潮文庫　１９７７年）
村松剛『西洋との対決　―　漱石から三島、遠藤まで』（新潮社　１９９４年）
萩尾望都『ポーの一族』（小学館文庫　１９９８年）
植田紳爾『宝塚 百年の夢』（文春新書　２００２年）
つかこうへい『寝盗られ宗介』（トレンドシェア　２０１０年）
植田景子『Ｃａｎ ｙｏｕ Ｄｒｅａｍ？―　夢を生きる』（ソフトバンク クリエイティブ　２０１０年）
雨宮まみ・文　はるな檸檬・漫画『タカラヅカ・ハンドブック』（新潮社　２０１４年）
中本千晶『宝塚歌劇は「愛」をどう描いてきたか』（東京堂出版　２０１５年）
伊吹有喜『カンパニー』（新潮社　２０１７年）

『シアターアーツ　1』（晩成書房　１９９４年）
『ユリイカ　特集宝塚』（青土社　２００１年）
『ｏｍｏｓｈｉｉ ｍａｇ ｖｏｌ・９』（アンファン　２０１７年）
『悲劇喜劇　ＯＨ！タカラヅカ』（早川書房　２０１８年）
『宝塚イズム　38』（青弓社　２０１８年）
『宝塚イズム　39』（青弓社　２０１９年）
『ミュージカル』（ミュージカル出版）
読売新聞（２０１９年８月７日付）
『宝塚おとめ』『歌劇』他、宝塚歌劇団の公式刊行物、パンフレット、ＤＶＤ
宝塚歌劇専門チャンネル『ＴＡＫＡＲＡＤＵＫＡ　ＳＫＹ　ＳＴＡＧＥ』の番組
宝塚歌劇団公式ホームページ他、演劇系サイト・ブログ

略歴

松島奈巳（まつしま・なみ）

演劇記者・ライター。

1965年、静岡県生まれ。本名は、近藤主税（こんどう・ちから）。

筑波大学日本文学科卒業（専攻は、歌舞伎）。1988年、新潮社入社。『芸術新潮』編集部、『週刊新潮』映画演劇担当などをへて、2018年退社。放送批評誌『GALAC』や演劇情報誌『シアター・ガイド』に演劇コラム・稽古場レポートを寄稿。2007年より筑波大学非常勤講師（「変貌するメディアと社会」）。著書に、『宝塚歌劇　柚希礼音論』（東京堂出版）、『歌舞伎座の快人』（淡交社）。

協力　**佐藤真紀**　**山内洋子**

本文デザイン&イラスト　**佐藤友美**（さとう ともみ）

東京堂出版の新刊情報です

宝塚歌劇 明日海りお論　89期と歩んできた時代

2019年12月20日　初版発行
2019年12月25日　再版発行

著　者　松島奈巳
発行者　金田　功
発行所　株式会社 東京堂出版　http://www.tokyodoshuppan.com/
〒101-0051
東京都千代田区神田神保町1-17
電話　03-3233-3741
印刷所　中央精版印刷株式会社
製本所　中央精版印刷株式会社
ISBN978-4-490-21024-8 C0074